中國學術思想 研究輯刊

十 編

林 慶 彰 主編

第33冊

徐復觀美學思想研究

鄭 雪 花 著

花木蘭文化出版社

國家圖書館出版品預行編目資料

徐復觀美學思想研究／鄭雪花 著 ― 初版 ― 台北縣永和市：
花木蘭文化出版社，2010〔民 99〕
目 2+136 面；19×26 公分
（中國學術思想研究輯刊 十編；第 33 冊）
ISBN：978-986-254-362-7（精裝）
1. 徐復觀 2. 學術思想 3. 美學
180   99016469

ISBN - 978-986-2543-62-7

中國學術思想研究輯刊
十　編　第三三冊　　　　　　ISBN：978-986-254-362-7

徐復觀美學思想研究

作　　者　鄭雪花
主　　編　林慶彰
總 編 輯　杜潔祥
出　　版　花木蘭文化出版社
發 行 所　花木蘭文化出版社
發 行 人　高小娟
聯絡地址　台北縣永和市中正路五九五號七樓之三
　　　　　電話：02-2923-1455／傳眞：02-2923-1452
網　　址　http://www.huamulan.tw 信箱 sut81518@ms59.hinet.net
印　　刷　普羅文化出版廣告事業
封面設計　劉開工作室
初　　版　2010 年 9 月
定　　價　十編 40 冊（精裝）新台幣 62,000 元

徐復觀美學思想研究

鄭雪花　著

作者簡介

鄭雪花，國立成功大學中國文學博士，目前任教於國立臺東專科學校通識教育中心。研究專長和興趣是儒道思想、中國美學、中國文學理論與批評等。目前的研究成果除了發表多篇中國美學、哲學、古典詩學等會議論文及期刊論文之外，主要是在徐復觀等先行者的基礎上，開展了《莊子》研究之想像現象學以及存有論詮釋學的研究進路。近期的研究重點是以閱讀現象學的方法闡發《莊子》內七篇的詩意道說，以及《莊子》詮釋史或影響史的全面建構。

提　　要

　　徐復觀先生美學思想的形成，從外緣來看，由反省時代的文化脈動而來，在現代畫論戰中，徐先生予現代藝術以激烈的批判，在批判中透顯了對於藝術品所繫的觀物方式和世界感的關切，這個主題在後來的《中國藝術精神》一書中，得以完全顯題化，由此可見其重建傳統以批判現代的意向。再就內在理路的發展來說，徐先生的美學思想由人性論的關懷延伸而來，乃是生命美學的進路，依此進路，在理論的建構上，徐先生關切的是「生命」如何在藝術活動實現追求自由的可能，如何在審美觀照中通透萬物、擴大精神界域，達到主客互涉相融的境界，如何在創造活動中，經由藝術形相的構成，開顯存有的無限，在客觀世界中安頓自己；在歷史的脈絡上，徐先生追索著中國傳統的文學批評和繪畫品鑒中，關於主體生命與藝術形相的觀點，尤致力於闡發「文體出於情性」和「氣韻生動」二大文藝美學論題。本論文即從上述的面向中，嘗試將徐先生的美學思想予以再現、重構，以彰顯其理論精蘊，並評估其價值所在。

目

次

第一章　緒　論

　　回顧中國當代美學〔註1〕的發展脈絡，我們可以發現雖然從五〇年代到八〇年代，中國大陸的學界出現了二次美學熱潮，〔註2〕但實際上，研究成果的學術價值相當有限。就如龔鵬程先生所指出的：

> 除了翻譯西方美學論著之功不容抹煞之外，可以稱道的，主要是走出了一個「人學美學」的方向。（06，再版序，1）

而此「人學美學」的方向，台灣早在五〇、六〇年代就已大有成績，龔先生舉出具體的例子來說明了這點：

> 如唐君毅先生主張美學之終局，即在於「以善爲主導的眞善美俱現的統合人格之實」。牟宗三先生主張康德第三批判仍未能窮竟美學之奧，必須把美學提舉到與道德人格合一處論之，才是美學眞正的完成。徐復觀先生主張中國藝術精神即在於從人格把握藝術精神之主體，爲人生而藝術，才是中國藝術之正統。高友工先生主張文學與藝術是整個人文教育的核心，美感經驗則是以價值追求爲目的，重

〔註 1〕　關於「中國當代美學」的斷代年限，目前大陸學界幾乎都以 1949 年爲上限，而將 1840 年（鴉片戰出）至 1949 年間的中國美學發展稱爲「中國近代美學」，有的學者則又區分 1840 至 1919 年（五四運動）爲「中國近代美學」，1919年至 1949 年爲「中國現代美學」。關於近代美學的歷史分期，及其發展概況，參考聶振斌：〈近代美學芻議〉（05，187～200）。

〔註 2〕　大陸的美學熱潮，第一次是從 1956 年開始到六〇年代初，當時的美學討論，乃是以馬克思的美學觀點批判朱光潛先生過去所提出的美學觀點，討論的焦點是美的本質問題——美是主觀的，還是客觀的？第二次的美學熱潮即是從八〇年代至今的美學討論。關於二次美學熱潮的發展情況及得失，參考葉朗：〈中國當前的美學〉（02，1～13）。

在生命意義的了解。柯慶明先生主張文學之所以不同於其他的語言作品，正因它是一種生命意識之呈現，是基於情境的感受而對生命進行反省之所得。方東美先生主張客觀世界之美必須以生命主體為基礎，乃能有美的意義產生，只有客觀世界不能構成美。（06，再版序，2）

以上這些學者對於中國層境的生命美學，體會極深而發言貼切，到目前為止，大陸美學仍未超越這些研究成果所具有的學術價值。依這樣的省察，深入了解把握台灣五〇、六〇年代的美學研究，乃是必要而深具意義的。

在五〇、六〇年代從事美學研究的學者們中，筆者所以選擇徐先生作為研究對象，理由有三：第一、與同時其他學者比較起來，徐先生的著作較為完整而其脈絡清晰可尋，作為研究對象較易獲致可觀的成果；第二、徐先生的美學思想中較能反映時代的脈動，對於當前的藝術活動所隱含的危機，有深銳的洞識和思考，具有相當的啓發性；最後、也是最主要的理由是，徐先生的美學研究，兼有會通儒道藝術精神、融合中西美學思想，以及抉發傳統美學之當代價值等層面，這些無一不是中國當代美學的重大課題，而徐先生所展現的視觀，已經受到學者的關切，例如陳昭瑛先生認為徐先生對於儒家藝術精神的闡發，具有「解放儒學的作用」：

由於對人的完整性的關心，先秦儒家沒有貶抑感性的傾向。……從這一點來看，復觀先生的《中國藝術精神》便具有解放儒學的作用。他在書中即提到情欲與道德的互動關係，他主張道德之心須由情欲支持才能發生力量。如此強烈地肯定情欲在道德實踐中的正面積極作用，可以說先秦以後，復觀先生是第一人。這是因為他情深氣盛的本質，也因為他真正地掌握了孔子精神，所以他能那樣自如地出入古典文學藝術的世界，就好像那是他的家。（01，372）

在儒家藝術精神方面，徐先生從人的完整性肯定了發自情欲的生命力量，由情欲與道德的互相依持、互相成全，把握了儒家藝術精神的全人格意義，以這樣的角度來理解儒家禮樂精神，對於先秦以後強調文藝的政治教化功能而趨於反情立場的「儒家」，確實具有「解放」的意義。

再如謝仲明先生指出徐先生對於莊子的「再發現」具有始創性：

徐先生對於莊子的「再發現」，毫無疑問地確立了莊子在中國美學的地位，即是「中國藝術精神主體之呈現」。這並不是說中國藝術家在

徐先生提出其解釋之後才注意到莊子對藝術的影響，事實上莊子對
於藝術的影響一直都存在；而是說莊子思想中的美學意含、莊子思
想在中國美學中的核心地位，在經過徐先生的提點後，才得以彰顯
和明確。……此外，在莊子研究（莊學）方面看，徐先生的「發現」
也是十分獨到的。歷代解莊的學者，可說多得難以清點；最具權威
的，固是郭象，此外焦竑、憨山大師……章炳麟，以至胡適、馮友
蘭、張默生等，皆是解莊的顯要人物，但他們都未有如徐先生之能
把莊子思想中的美學意含，顯發出來並論定之為莊子思想的精要。
徐先生對莊子的解釋，在中國美學研究、中國藝術（特別是山水畫）
的哲學解釋、及老莊思想研究等方面，都有始創性的貢獻。（04，146）

就莊子的義理系統來說，徐先生的解釋未必合於莊子的本懷，但是如果在文
化脈絡上，為中國美學尋根探固的話，徐先生對莊子思想美學意涵的「闡
發」，進而論定其為中國藝術的哲學基礎，的確是一大發明。此後莊子思想
的美學意義成為中國美學論域的核心之一，徐先生的始創性地位是必須被肯
定的。

在中西美學觀點的會通比較方面，徐先生的研究亦具有風氣之先的啟發
之功，就如鄭樹森先生在綜覽現象學對於中國文學批評的影響時所指出的：

最早運用現象學觀念來作比較或批評的，倒不是旅居美國的華裔學
者，而是香港新亞研究所的徐復觀教授。……在該書（按：指《中
國藝術精神》）第二章第七節，徐先生拿心齋之心與現象學的純粹意
識作一比較。在簡介胡塞爾現象學的一些基本概念後，他特別指出，
意識作用和意識作象（意識內容）是緊密相關、難以二分的，也即
是主客合一，並由此而把握到物的本質。「而莊子在心齋的虛靜中所
呈現的也正是『心與物冥』的主客合一；並且莊子也認為此時所把
握的是物的本質。」徐先生認為，「現象學的歸入括弧，中止判斷，
實近於莊子的忘知」。但二者之間又有不同，因為「在現象學是暫時
的，在莊子則成為一往而不返的要求」。由於徐先生認為莊學是中國
藝術精神的主體，因此這個類比特別值得比較文學工作者的注意，
可以再作進一步的探討。（03，前言，26～27）

徐先生對於現象學與莊學的比較雖然簡略素樸，然而所謂「但開風氣不為
師」，在後來中國文學批評、莊學和中國美學的領域中，現象學的比較益發深

入有得，徐先生的首開風氣實在功不可沒。

　　徐先生美學思想的形成，從外緣來說，由對於時代脈動的深刻反省而來：在現代畫論戰中，徐先生從文化關懷的立場，予現代藝術激烈的批判，在批判中透顯了他對藝術品所繫的生命境界和世界感的關切，這個主題在他後來撰寫《中國藝術精神》時，得以完全顯題化，由此可見其思想發展脈絡的一貫性，以及重建傳統以批判現代的意向。其次，就內在理路的發展來說，徐先生的美學思想由其人性論的關懷延伸而來，基本上是生命美學的進路，依此進路，在理論的建構上，徐先生思考著「生命」如何在藝術活動實現追求自由的可能；如何在審美觀照中通透萬物，擴大精神界域，達到主客互涉相融的境界；如何在創造活動中，經由藝術形相的構成，開顯存有的無限，在客觀世界中安頓自己。在歷史的脈絡上，徐先生追索著中國傳統的文學批評和繪畫品鑒中，關於主體生命與藝術形相的觀點，而致力於闡發「文體出於情性」與「氣韻生動」二大文藝美學論題。

　　本論文即從上述的面向中，嘗試將徐先生的美學思想予以再現、重構，以彰顯其理論精蘊，給予適切的評價，並作為更進一步探索中國美學問題的思考起點。茲將各章節的論述旨趣列舉於下：

　　第二章旨在說明徐先生美學方法的特色。本章分為兩節分別說明徐復觀先生美學方法的兩個重要側面：第一節以學者們的意見作為起點，討論所謂「整體性」一詞的意涵，並在異中求同，歸結出徐先生的歷史意識在其人文研究中的主導作用，進而從徐先生對於思想史方法的反思中，發顯其詮釋學的性格。在第二節中討論了徐先生美學方法的人本主義傾向，徐先生以其深邃的人文主義心靈，洞見了審美活動的存在意義，強調美學研究的人性尺度與體驗的方法。經由分析其「體驗」的概念內涵，我們可以看到徐先生美學是規範性的，不是描述性的，他所關心的不是如何深入而全面地理解各種藝術，而是在藝術活動所成就的人格境界的深度和廣度。

　　第三章旨在重構徐先生審美理論的內涵。本章依據徐先生對於莊子的「再發現」，來探討徐先生徐莊學以及西方美學理論的理解上，建構出來的視域，討論的焦點不在於徐先生對莊子的詮釋理路是否貼切於莊子本來的系統，而在於徐先生自身視域所涵有的美學觀念，並嘗試予以系統化地再現與重構，探析其理論內涵的底蘊與深度。全章分為三節，分別探討徐先生對於藝術精神的價值詮釋、對審美觀照的過程描述以及對藝術形相的意向分析。

由於審美理論以主客關係爲核心論題，因此從徐先生的「心——形而中學」開始討論，以追溯出徐先生建構價值系統的理路，然後呈現徐先生論點中的價值詮釋系統，來彰顯徐先生所以詮釋藝術精神的價值，基本的意圖在於論證美感經驗所開顯的人格精神境界的最大可能，因此其詮釋具有雙層的意義：一方面對美感經驗的深層結構及其可能的價值予以揭示（此揭示不必是一種絕對的規範），一方面肯定藝術活動關聯著人類文化活動中的精神界域與世界觀。其次探討徐先生以現行美學概念中的「直觀」、「共感」、「想像」等理論語言，對藝術精神主體觀照活動的過程描述，由於這部分是徐先生進行中西理論比較的主要側面，筆者嘗試通過概念的比對，凸顯徐先生對直觀、共感、想像的描述與一般的美學理論的根本差異，而分別以「審美直觀的實現原則」、「審美共感的超越原則」以及「審美想像的轉化原則」指稱其特色所在。在第三節的部分則指出徐先生討論藝術形相的問題，焦點不在形式的表現上，而是肯定藝術形相涵著藝術家預在的意向性結構所構成的審美經驗，以及對生命意義和價值的詮釋，而爲一超越時空的存在，此存在與欣賞者的心靈相遇時，開放爲一意向情境，等待欣賞者的融入其整體，對其中啓示性的經驗再感知、再體驗、再解釋。正因爲將藝術形相置入這樣的意向性關係中，徐先生對具象與抽象問題的關切與發言，實無意於現代藝術流派的爭鋒，也非一意爲中國傳統藝術風格辯護，而是從人文關懷的角度出發，反省藝術形相所關連的世界觀、自然觀及價值意識，試圖提出一涵有人文理想的美學觀點。

第四章和第五章旨在探討徐先生對於中國文藝美學的解釋觀點。第四章以徐先生對文體觀念的復活爲主，第五章以氣韻觀念的表詮爲主。在這二章的探討，筆者將徐先生自身的美學據點、對歷史處境的反思，以及對傳統觀念的理解三者互動所構成的脈絡視爲不可分割的整體，這是因爲在徐先生的方法意識中，對古典的詮釋其實即是「古今同在」的思維溝通和精神對話，「中國文化是什麼」與「中國文化走向何處」是密不可分的問題，因此，在對證徐先生的解釋系統與古典的理論體系之外，筆者嘗試發顯徐先生解釋系統中的前理解，勾勒出其前理解如何深入或旁支古典的意義脈絡，而凸顯徐先生詮釋古典的「通變」意義。

最後，在結論的部分，除了把徐先生的美學規模予以總結式的概括之外，並嘗試反省主體性美學的價值與局限之所在。

本章引用文獻編碼

01a　陳昭瑛：〈一個時代的開始：激進的儒家徐復觀先生〉，《歷史月刊》第十五期，1989 年 4 月。

02　　葉朗：〈中國當前的美學〉，收入《文學與美學》，台北：文史哲，1990年。

03　　鄭樹森：《現象學與文學批評・前言》，台北：東大，1984 年。

04　　謝仲明：〈論徐復觀對莊子的解釋〉，收入《徐復觀學術思想國際研討會論文集》，台中：東海大學編印，1992 年。

05　　聶振斌：〈近代美學芻議〉，收入《中國審美意識的探討》，北京：中國戲劇，1989 年。

06　　龔鵬程：《文學與美學》，台北：業強，1995 修訂版。

第二章　徐復觀美學方法的特色

　　方法是研究自然界、社會現象和精神現象的方式、手段，無論是自然科學、社會科學或精神科學，任何一門嚴謹的學問都具有方法的性格，方法支持論證，使其具足被檢驗、理解、討論的可能性。學問既然具有方法的性格，則方法的提出、效力，以及其理論基礎的建構、反省，自然成為研究者關注的重點。而這種關注在當代到達前所未有的熱絡，如同當代學者殷鼎先生所說的：

> 我們的時代是一個對方法論著迷的時代。人用方法控制自然，人也用方法控制人自身。人創造方法，使用方法，人同時在用方法研究人，以方法理解人。（12，125）

在西方，人文科學的研究，尤其詮釋學對方法論的思考，主要是針對科學方法對人類生活各方面的滲透，而造成生活方式的改變，以及意義失落的危機，提出極深的反省。詮釋學主要代表人物之一的加達默爾，在其所著《真理與方法》一書中，說明其主旨在於：

> 本書探究的出發點在於這樣一種對抗，即在現代科學範圍內抵制對科學方法的普遍要求。因此本書所關注的是，在經驗所及並且可以追問其合法性的一切地方，去探尋那種超出科學方法論控制範圍的對真理的經驗。這樣，精神科學就與那些處於科學之外的種種經驗方式接近了，即與哲學的經驗、藝術的經驗和歷史本身的經驗接近了，所有這些都是那些不能用科學方法論手段加以證實的真理借以顯示自身的經驗方式。（23，1）

這段話顯示了詮釋學所關注的不僅止於方法而已，更關注的是方法所能揭示

的存在經驗之真理。科學方法固然在對物體的研究中，揭示了科學知識的真理，但在人文科學的領域中，對於哲學、藝術及歷史等人類存在的經驗中所蘊含的真理，卻是錯誤而無能的。科學方法本是人以自身為萬物尺度而控制自然的方式，可是當它反過來控制人、異化人的時候，人逐漸被工具化而遺忘了自身存在的價值。由此可知，當代詮釋學對於方法論的反省，其實正是一種真理觀的反省；對科學真理之外的人之存在方式的觀照，對哲學、藝術及歷史的真理價值的肯定。

　　在中國，二十世紀學界方法意識高漲的思潮，是伴隨著文化問題的糾葛而起的，在中國傳統文化面臨西方文化衝擊的當口，中國知識份子對於傳統學問的反省與批判，有一重要的切口即在於方法學之上，而扣住方法學問題來發言，並在學術界引領風騷的，多是受到西方實證主義洗禮的學者，如胡適先生、傅斯年先生等。傅斯年先生以其中央研究院創辦人之尊，說明中央研究院創設的宗旨：

> 中央研究院設置之意義，本為發達近代科學，非為提倡所謂固有學術。故如以歷史語言之學承固有之遺訓，不欲新其工具，益其觀念，以成與各自然科學同列之事業，即不應於中央研究院中設置歷史語言研究所，使之與天文、地質、物理、化學等同倫。今者決意設置，正以自然科學看待歷史語言之學。（16，69）

不僅「以自然科學看待歷史語言之學」，傅斯年先生更在「哲學是語言的副產品」的前提下，企圖「以語言學的觀點解釋一個思想史的問題」，而寫成了繼承清儒阮元之後，以語言學的方法研究思想史的典範之作——《性命古訓辨證》。胡適先生亦予清儒的樸學以別具隻眼的青睞，提倡訓詁考辨的「科學方法」，因而帶起「疑古」的風潮，並反對牟宗三、徐復觀、張君勱和唐君毅諸位先生以心性之學為中國學術思想之核心，而此立人極之學應為世界文化發展目標的宣言。〔註1〕以胡、傅、二位先生在學術界的地位之高，其影響力是

〔註1〕　此指牟、徐、張、唐諸位先生於1958年，聯名發表於《民主評論》的〈中國文化與世界——我們對中國學往研究及中國文化與世界文化前途之共同認識〉一文，收入唐君毅：《中華人文與當今世界‧下》（10，865～929）。徐先生曾在晚年時回憶他與胡適先生的一段對話，記錄了胡先生對〈宣言〉的不以為然，詳見（08i，408～409）以胡先生為首的「西化派」與包括徐先生在內的當代新儒家之間，對宋明理學的理解與態度，存在著相當大的差異，其中錯綜複雜的歷史脈絡與思想糾葛，勢將成為中國當代思想史的主要課題之一。

可想而知，但是，他們的方法和態度，實帶有褊狹的科學主義色彩，不僅不能闡揚中國傳統文化的真精神，對於「近代科學」（廣義的「科學」應包含自然科學、社會科學和精神科學）的發達，也產生了誤導的作用。

　　對照於「主流派」的方法論觀點，徐復觀先生的方法意識則與西方詮釋學的企圖不謀而合。徐復觀先生也認為科學方法不能作為所有學問的普遍要求，因為「方法是研究者向研究對象所提出的要求，及研究對象向研究者所呈現的答覆，綜合在一起的一種處理過程。所以真正的方法，是與被研究的對象不可分的。」（08c，2）徐復觀先生認為文化的現象中，道德、藝術和科學是三大支柱，科學雖然對人類文化有重大的貢獻，但是卻不能提供人生價值的判斷，甚至在過度發展之中，造成人的迷失；而中國的道德與藝術乃是根源於人性所開闢的價值世界，不僅具有過去的意義，也具有現代的意義，乃至未來的意義（08e，自序，1～2）。道德和藝術作為根源於人性的價值系統，以自然為對象的科學方法是無法把握其本質的。對於美學的研究方法，徐復觀先生作了如此的說明：

> 我把文學、藝術，都當作中國思想史的一部分來處理，也採用治思想史的窮搜力討的方法。搜討到根源之地時，卻發現了文學、藝術，有不同於一般思想史的各自特性，更須在運用一般治思想史的方法以後，還要以「追體驗」來進入形象的世界，進入感情的世界，以與作者的精神相往來，因而把握到文學藝術的本質。（08f，自序，3）

因為採用治思想史的方法，徐復觀先生從中國美學史的整體脈絡來探求中國藝術精神之所在，並將此藝術精神置入世界文化的整體中與西方美學加以比較，一方面呈現出他所理解的中國美學的內容，肯定其對於世界文化的意義與價值，另一方面，這些內容又建構理解的視域（horizon），成為其美學系統的基礎。除了治思想史的方法之外，徐復觀先生特別強調「追體驗」，顯示出徐復觀先生方法意識的人本主義傾向；思考的焦點在於審美活動中的人的問題，如人性、人的存在、意義和價值，採用理解、體驗、介入的研究方法，以生命把握生命，進而確定並闡明一定的價值規範。〔註2〕這樣的方法意識如

〔註2〕在葉朗的《現代美學體系》一書中提及人本主義的美學思潮，乃是與科學主義的美學思潮相對立的（15，8～12），這種對立是歷史現象，而不是理論系統本身的對立。在徐先生而言，以科學主義壟斷人文研究固然是一大錯誤，而以狹隘的人文主義，誇大人為萬物的唯一尺度，亦非其本意。徐先生所強調的是開放的人本主義，亦即從人與客觀世界的互為主體，尋求由正常人性

何發揮導向的作用，而能夠深得中國美學的精蘊，展現出徐復觀先生對文化的終極關懷，此即本章所要探討的問題。

第一節　整體理解的歷史意識

以「整體性」爲徐復觀先生的人文研究方法定性的學者，就筆者所知，目前已有三位。最早提出此看法的是陳昭瑛先生，他在〈一個時代的開始：激進的儒家徐復觀先生〉一文中說：

> 他意識到一切人文活動作爲一個整體性，是以對人本身的認識作爲核心，而任何一項特殊的人文活動作爲這個整體中的部分，必須放在這個整體中來看才能得到適當的定位和了解，而不能被孤立來看，必求找到該活動與其他活動之間的關係，才能解釋該活動的意義。因此整體與部分兩者間的互動，成爲復觀先生掌握古代各門學問的方法論原則。他常通過古代政經結構去看文藝與思想，或通過文藝與思想去看政經結構。……不論是對古代思想、古代藝術、古代文學、或是對當代的研究。他都強調他所採取的是發展的歷史的動態的觀點。這種觀點就是本節前面所說發展的整體性，這種整體性是指一個實體的全部發展過程，一個實體在個別階段的意義必須放在其全部發展的過程中，才能確定。（13，24～25）

在該文中，陳昭瑛先生所用的「整體性」（totality）這個概念，乃是西方黑格爾以降的辯證哲學的核心（13，23），〔註3〕不過陳昭瑛先生並未從黑格爾「絕

〔註3〕　的發顯所形的價值系統，此系統與由科學研究所開出的知識系統並不衝突。在黑格爾的用法裡，「整體性」指包羅萬象的精神性東西，即絕對精神。絕對精神是先於自然界和人類社會永恆存在著的實在，是宇宙萬物的內在本質和核心，萬物是它的外在表現。它是一種活生生的、積極能動的力量，是精神的辯證過程中主觀精神與客觀精神的統一，是精神最後返回它自身作爲精神的存在。黑格爾在其著作中，以這個觀點爲基礎，強調對事物作辯證的有機整體的把握。這個觀點也貫徹其美學體系中，在《美學》一書中黑格爾指出：「生命必須作爲一種身體構造的整體，才是實在的。」（22，169～170）他認爲自然美要見出生氣灌注，它就必須顯現成一個整體，一個把「特殊部分既作爲差異的，又作爲協調一致的，而包括在一起的統一體。」（22，173）論藝術理想時，指出藝術理想的本質就在於把外在形象「與靈魂的內在生活結合爲一種自由和諧的整體。」（22，218）黑格爾還以「整體性」來讚揚歷史上各類優秀的藝術作品，如荷馬史詩、希臘雕刻、莎士比亞戲劇等，可見「整體性」乃其評價文藝作品審美價值的一個重要尺度。這樣的美學理論與徐復

對精神」的預設來討論所謂「整體性」，而是就整體與部分的關係來指陳徐復觀先生治學方法的整體性。

這個思路受到黃俊傑先生的肯定，並進一步加以闡釋。在黃俊傑先生的論述中，「整體性」轉換為「整體論」（holism），乃是相對於「個體論」（individualism）而言的（14，258）。〔註4〕在〈徐復觀的思想史方法論及其實踐〉一文中，他將陳昭瑛先生所區分的「發展的整體性」和「結構的整體性」，轉換為「發展的整體論」和「結構的整體論」來加以討論，並作出了以下的結論：

（一）由於以「發展的整體論」的方法學立場研究思想史，所以徐復觀先生致力於將思想或觀念脈絡化，而反對清儒的考據學，以及傅斯年先生以語言學的觀點解決思想史的問題，「徐復觀與傅斯年在方法論上的對比，不僅是思想史與考據學的對比，也是脈絡論（contextualism）與原子論（atomism）的對比。」（14，263）

（二）所謂「結構的整體論」含包兩個面相：

1. 思想體系的「部分」與「全體」共同構成「結構的整體論」。在這個面相上，徐復觀先生的思想史方法涵有以下原則：（1）任何思想系統都

觀先生的思路並不相契，徐復觀先生所講的「藝術精神」並不是先驗的，不同於黑格爾的「絕對精神」。

〔註4〕將「整體性」轉換為「整體論」（holism），似有不妥，兩個概念之間的不可共量性，易造成理解上的混淆。「holism」本是生命科學的理論，或稱「機體論」，強調生命系統的組織化、目的性特徵、反對機械論把世界圖式歸結為無機系統微觀粒子無序的、盲目的運動，但也忽略了偶然性、隨機性在生命發展中的作用。這種生物有機體論是否適用於文化的研究呢？將傳統視為有機體，往往如西方巴克學派所主張的，社會上的重大制度和文化，經長期的發展，成為互相關聯的有機整體，牽一髮而動全身，所以有機的傳統不能作重大的改變，這種有機論曾被全盤西化論或全盤復古論者所借重（19，7），但是徐復觀先生並不是如此看待傳統的，他是個創新的、批判的傳統主義者，對於「傳統文化中之醜惡者，抉而去之，惟恐不盡；傳統文化中之美善者，表而出之，亦懼有所誇飾」（08c，自序，1），在徐復觀先生看來，「反傳統」乃是必要的，因為「第一、傳統本身實際是不斷地發現、提煉、揚棄。發現、提煉、揚棄的情形停止了，某一傳統便要僵化而死亡。第二、為了接受新的事物，新的觀念，常常須要反傳統的工作為其開路。」（08h，54）徐復觀先生一再反省的是中國文化對世界文化能有何種貢獻，他所苦心殫慮的是在具體情況下，如何使異質文化相容相乘，為未來的人類社會開創出路。所以，筆者認為以「有機體論」來理解徐復觀先生思想史方法的「整體性」，實有值得商榷之處。

是由「部分」與「全體」所構成的結構性的、整體性的意義之網。表述思想性概念的古籍的句、章與全書之間，構成一種永無終止的意義循環關係。（2）正因爲思想體系是一個意義之網，所以思想史研究者和他的研究對象之間存在一種對話的、互滲的，乃至互爲主體性的關係。（14，266）

2. 思想體系與時代現實共同構成「結構的整體論」。（14，264）「在徐先生看來，古代思想家的思想體系對於研究工作者而言，並不是一種對象性的存在。相反地，兩者之間是一種互爲主體性的關係。研究者愈深入於自己的主體性，愈能進入他所研究的古人的思想世界；而愈深入古人的主體性的研究者，也愈能拓深自己的主體世界。」（14，266）

在黃俊傑先生的討論中，有二點是深具啓發性的。其一、徐復觀先生和傅斯年先生方法論的比較，不僅是義理學和考據學的對比，而且是科學主義與人本主義的對比，另外，二位學者對於歷史本質的基本概念不同，而導出不同的研究方法和規則，因爲方法的不同而得出不同的研究結果，此中有耐人尋繹的意涵。其二、從詮釋學的角度，作出頗有建設性的闡釋，提供一個深入徐復觀先生理解歷程的思考起點。

第三位闡釋徐復觀先生「整體性」思想史方法的是林朝成先生，他在〈自然形相與性情——通過現代畫論戰重看徐復觀的美學思想〉一文中說：

> 整體性不是一先驗的假設，也不是如黑格爾所說的理性精神發展到最高階段所必經的總體歷程。思想史中的整體性，是作爲理解的基礎，把研究對象放在它自身形成的歷史，以及與它相關的歷史演變中來理解。因此，必得尋求其在歷史發展環節中的時代性，並從時代處境的同情理解中，以建構其評價的視域。另一方面則又由此視域展開其理解的可能，並經由其所發展的過程，以建立、簡擇其合理性、正當性的意義。（06，227～228）

林朝成先生把徐復觀先生治思想史方法的「整體性」與黑格爾等的「整體性」作了簡別，並從「理解的基礎」定位「整體性」，說明徐復觀先生對研究對象的理解不止於對過去純粹經驗的認知，更是一種意向性的活動，這種意向性活動構成「連續性」的歷史整體，歷史成爲一個開放的意義體，乃是今人建立自己意義網路的資源，並且對現實生活提示可能的意義和價值判斷。

上述諸位先生以「整體性」爲徐復觀先生人文研究方法定性，雖然出發

的角度稍異，但是最後指向徐復觀先生的歷史意識，則是一致的。誠如陳昭瑛先生所指出的，徐復觀先生所要成就的是歷史學，而且把歷史學也當作方法來運用（13，25），徐復觀先生的學術研究幾乎都是在其歷史意識的導向中進行的，例如他之所以著作《中國人性論史‧先秦篇》，其構想在於：

> 沒有一部像樣的中國哲學思想史，便不可能解答當前文化上的許多迫切問題；有如中西文化異同；中國文化對現時世界，究竟有何意義？在世界文化中究竟居於何種地位？等問題。因爲要解答上述問題，首先要解答中國文化「是什麼」的問題。而中國文化是什麼，不是枝枝節節地所能解答得了的。不過，因爲近兩百年來，治中國學問的人，多人失掉了思想性及思考的能力，因而缺乏寫一部好哲學思想史的先行條件；所以要出現一部合乎理想的哲學思想史，決非易事。於是，我想，是否在歷史文化的豐富遺產中，先集中力量，作若干有系統的專題研究；由各專題的解決，以導向總問題的解決，會更近於實際？（08d，序，1）

徐復觀先生的中國哲學思想史的研究，以特定的問題爲中心，而特定問題的揀擇，又以人性論史爲優先，其原因在於「文化中其他的現象，尤其是宗教、文學、藝術，乃至一般禮俗、人生態度等，只有與此一問題關連在一起時，才能得到比較深刻而正確的解釋」（08d，序，2）。徐復觀先生認爲人是世界一切問題的起點，而中國的人性論可以在這個問題上提供重要的貢獻，所以，他以人性的問題爲核心，展開各方面的研究：在文學的研究上，「文體與人」是他最爲關注的焦點；在藝術的研究上，則特別著力於闡發莊子人性論的影響。

　　正因爲以歷史意識爲導向，徐復觀先生對於哲學、文學、藝術的思考，都是在「歷史之流」中進行意義的追求和建構。徐復觀先生明確地表達了他對「歷史」的基本概念：

> 人類與一般動物最大區別之一，在於一般動物沒有歷史意識，而人類則有歷史意識。因而，一般動物是生活在片斷的，不相連續的「現在」之中，而人類則係生活在把「過去」「現在」「未來」連貫在一起的「歷史之流」裡面。（08h，5）

「歷史之流」是連續的，所以徐復觀先生特別強調的治思想史必須運用「發展的觀點」、「動的觀點」（08e，自序，7）。所謂歷史的動進的發展過程，並不是「自然時間」的存在，而是在人的心靈的意向性活動中，所觀照到的「人

文時間」（07，23～24）。把自然時間轉換為人文時間的心靈活動過程即是歷
史意識。正如胡昌智先生所說的，歷史意識就是這樣一種建構性的活動：

> 從自己行為的目的作為出發點，去解釋過去時間中，人們之所經歷；
> 並且將那些無限多的經驗事實挑選出部分，賦予它們意義，建構起一
> 個前後相關的關聯體系。人們一方面將自己安身於這個（有時間性的）
> 意義體系中；自己的行為企望，因此屬於這個意義發展脈絡的先端，
> 並且得到它的方向性質。另一方面，這個意義體系也是人們所以能察
> 覺、能瞭解世界其他變化現象、其他後繼變化的基本架構。（07，23）

對於「過去」的要求解釋，以及對於「未來」的企望方向，其實是人類的本
性之一，歷史意識的建構性活動有其人性的基礎，徐復觀先生對此尤為肯定：

> 要求知道自己生命來源的精神衝動，可以說不須要合理的解釋，或現
> 實利害的支持，而只是人類一種感情的活動。照現在若干人的說法，
> 凡是屬於感情的東西，不能成為學問的對象；但我們要知道，只有人
> 類才有這種感情。並且只要人類得到正常的成長，則時無古今，地無
> 中外，也一定會具備這種感情。所以這是帶有永恆性、普遍性的一種
> 感情。假使學問是屬於人類自己的，則對這種感情的發抒、滿足，正
> 是學問中最基本的任務。…人類對於「過去」的連結，還可以找出現
> 在生活中的利害問題作根據。對於未來的連結，則可以說與現在生活
> 的利害無關，而只是出於人類生命的內在要求。（08h，5～7）

「過去」、「現在」、「未來」的連結是人類生命的內在要求，這種內在要求是
一種永恆性、普遍性的一種情感的活動，在此基礎上，人類建構意義的活動
乃是主觀意識對過去經驗的轉化，轉化之後的過去事實才稱為「歷史」，在這
樣的歷史中，研究者所面對的不是個別的史實，不是片斷的史料，而是具體
的活生生的情境，其中人的存在與生活世界（lifeword）互動所形成的問題和
回應，與研究者的歷史存在構成對話的關係，「歷史」因此融入現實之中，並
賦予現實方向感。徐復觀先生說：

> 由古人之書，以發見其抽象的思想後，更要由此抽象的思想以見到
> 在此思想後面活生生的人；看到此人精神成長的過程，看到此人性
> 情所得的陶養，看到此人在縱的方面所得的傳承；看到此人在橫的
> 方面所吸取的時代，一切思想，都是以問題為中心。沒有問題的思
> 想不是思想。古人是如何接觸到他的問題？如何解決他所接觸到的

問題？他為解決問題，在人格與思想上作了何種努力？以及他通向
所要達到的目標是經過何種過程？他對於解決問題的方法有何實效
性、可能性？他所遇的問題及他所提供的方法；在時間空間的發展
上，對研究者的人與時代，有無現實的意義？我們都要真切的感受
到。所以治思想史的人，先由文字實物，以走向思想的抽象，再由
思想的抽象以走向人生、時代的具體。經過此種層層研究，然後其
人其書，將重新活躍於我們的心目之上，活躍於我們的時代之中。
我們不僅是在讀古人的書，而是在與古人對語。（08a，116）

徐復觀先生把經由對話，而使古人的生活世界超越時空限制，與今人的生活
世界成為並時性存在的狀態，稱為「古今同在」：

古典的再生，同時即是「世界的發見」，「人的發見」；可以說這是名
符其實的古今同在。這是什麼原因呢？因為一個人，假定一面研究
古代文化，一面又有時代的感覺，則只能對時代精神發生充實或批
評作用的古典精神，才能進入到腦筋裡去。時代在精神上須要充實，
也須要批評；被時間選擇過了的，也可以說是被時間過濾過了的古
典精神，常常會充當了重要的角色。（08h，181）

在這段文字中的「精神」顯然是指歷史變動的進程，在不同的歷史階段有不
同的精神風貌；「精神」既是客觀的已然，可以作為對象被充實、批判、選擇，
也是主觀的當然，經過互為主體性的古今對話，「精神」成為人類價值判斷的
總匯、人的內在意向性的具體外現。所以徐復觀先生說：

一切的生活，除了衣食住行的物質條件之外，還要靠辨別善惡、美
醜的價值判斷，並對於這種價值判斷加以信任，才能得到精神上的
支持，因而得到生活上的自信與充實。價值判斷成就各人的人生觀、
世界觀，指示各人以生活的目標，提供各人以生活的意義。價值判
斷的總匯，即成為歷史的目標，歷史的意義。（08h，24）

這裡對「價值判斷」的重視，使得徐復觀先生的歷史學呈現為過去性的歷史
事件與現時性的生命的思維性溝通，在這樣的溝通裡，「中國文化是什麼」與
「中國文化將走向什麼地方」乃是密不可分的兩個問題。

由於肯定「歷史」的意義在於價值判斷的總匯，徐復觀先生當然不認為
「歷史」是如實證主義者所謂的，存在於人們意識之外，而自有其系統的發
展。由於他對於將史學視為史料學，認為歷史學的工作在於描述經驗事實，

而不在於詮釋歷史意義的主張，予以強烈的批判。落實於方法的具體實踐上，他反對以語言訓詁的方法來掌握思想發展的動進歷程：

> 幾十年來，中國有些治思想史的人，主張採用「以語言學的觀點，解釋一個思想史的問題的方法」。其根據系來自西方少數人以爲「哲學乃語言之副產品」的一偏之論，以與我國乾嘉學派末流相結托。……我現在要指出的是，採用這種方法的人，常常是把思想史中的重要詞彙，順著訓詁的途徑，找出它的原形原音，以得出它的原始意義；再由這種原始意義去解釋歷史中某一思想的內容。傅斯年的《性命古訓辨證》，因爲他當時在學術界中所佔的權力性的地位，正可以作爲這一派的典範之作。但夷考其實，這不僅忽略了由原義到某一思想成立時，其內容已有時間的發展演變，更忽略了同一個名詞，在同一個時代，也常由不同的思想而賦與以不同的內容。尤其重要的，此一方法，忽略了語言學本身的一項重大事實，即是語原的本身，也並不能表示它當時所應包含的全部意義。（08d，1～2）

對於以傅斯年先生爲代表人物所興起的「科學的史學」運動，余英時先生也提出深刻的反省，認爲傅斯年先生等人在史料範圍的擴大和考訂的精密方面，成績固然是可觀的，但是其代價是將思想、精神、價值觀等劃出史學範圍之外。余英時先生並指出傅斯年先生所提倡的「科學的史學」是乾嘉考據和蘭克的歷史主義的匯流，但是當時蘭克在中國的形象其實是流行在美國的蘭克形象，乃是蘭克歷史主義的末流，實則蘭克史學的哲學涵義是偏向唯心史觀的，他的史料分析和個別史實的考訂都是支持他的唯心史觀的手段。他的歷史理論中，思想、精神居於中心的位置，他並不是以史料學爲史學的人，他認爲歷史的中心是人，歷史的眞實不能由抽象的概念得之，而必須通過對「全部人生的透視」才能把握（02，自序，9～13）

　　徐復觀先生雖然不像蘭克一樣，以「理念」（ideas）爲歷史的動力，但是以人爲歷史的中心，則是一致的。同樣的，徐復觀先生並不否認語言訓詁、史實考訂是研究思想史必要的工作，但並不是唯一、決定性的工作，對於這一點，徐復觀先生曾在〈有關思想史的若干問題〉一文中，不憚其煩地加以解說（08a，113～116），〔註5〕他認爲原典的詮釋必須經過以下的步驟：

〔註 5〕 文長不引。事實上，徐復觀先生不僅在理論上討論思想史的方法，更在著作中加以實踐，而得學者們的肯定，如唐亦男先生在〈從討論「愼到之道」看

1. 由字而句，由句而章，由章而書的訓詁考據是第一步的工作。這是由
   局部累積全體，而不是由局部看全體。

2. 由第一步的工作歸納出若干的基本概念，並加以分析、推演，這種「意」
   （概念）的解析是抽象的思維活動，所成立的只是假說。

3. 將基本概念落實到原典的字句中，由概念來衡斷文字上的意義，同時扣
   緊語文來印證概念，通過如此反覆的衡斷印證，才能得到可靠的解釋。

4. 由抽象的思想見到思想家的性情、精神、所要解答的問題與提供的方
   法，以及對研究者的現實意義。

在此，徐復觀先生深入討論了原文的詮釋問題。首先，徐復觀先生明白地區
分了「詞意」（文字上的意義）以及「意蘊」（對我們的意義）。「詞意」是一
個自律的統一體，它對研究者產生制約，使詮釋具有客觀的有效性，在上述
的步驟中，從第一個步驟到第三步驟是「深求其意以解其文」，亦即建立有效
的「詞意」的解釋。而第四個步驟「以意逆志」，則是「意蘊」的建構，「意
蘊」是理解過程中通過主觀意識照明而構成的，它從客觀性的基礎上出發，
而具有歷史性。「意蘊」的詮釋過程既涉入研究者的主觀意識，那麼詮釋是否
因此失去有效性呢？

　　徐復觀先生承認解釋者不可能窮盡古人思想的全部，而且可能發生錯
誤，他在〈研究中國思想史的方法與態度問題〉一文中指出：

> 正如卡巴勒（Carsirer）所說，「哲學上過去的事實，偉大思想家的
> 學說與體系，不作解釋便無意味」。並且沒有一點解釋的純敘述，事
> 實上是不可能的。對古人的，古典的思想，常是通過某一解釋者的
> 時代經驗，某一解釋者的個性思想，而只能發現其全內涵中的某一
> 面，某一部分；所以任何人的解釋，不能說是完全，也不能說沒有
> 錯誤。（08c，4）

誤解是很有可能的，因此，除了嚴格地把詮釋還原到文獻中去檢驗之外，必
須有所自覺，以「持敬」的態度來從事研究，徐復觀先生解釋「敬」乃是：

徐先生的治學精神〉說：「與徐先生討論最大的啟發不是接受他的意見，而是
在方法上的共識，就是以思想觀念為主的研究方法。」（09，124）另外，翟
志成先生則稱徐復觀先生的方法為「新考據法」，他認為「徐先生的新考據法
有以下五大優點：（1）深厚的舊學根柢，（2）對原始材料的認真爬梳，（3）
西方學術思想的嚴格訓練，（4）以材料支持義理，以義理發明材料，以及（5）
與歷史人物的內部對話和個人從政經驗對歷史的照明。」（17，449）

> 一個人的精神的凝斂與集中。精神的凝斂與集中，可以把因發酵而
> 漲大了的自我，回復到原有的分量；於是先前由漲大了的自我而來
> 的主觀成見所結成的薄霧，自然也會隨漲大部分的收縮而煙消雲
> 斂，以浮出自己所研究的客觀對象，使自己清明的智性，直接投射
> 於客觀對象之上。（08c，8）

誤解發生的原因，除了思維的訓練不夠之外，可能是由於「前理解」（來自個人氣質、學問傳承、時代經驗等）以自我本位的成見之方式出現所造成的結果。「持敬」的態度意味著清明地自我觀照，在與古人的對話中，自覺地意識到自身前理解的存在，及其對於理解所產生的影響。「精神的凝斂與集中」並不是丟棄前理解（事實上，前理解不可能被消除，而且丟棄前理解本身也是一種前理解，不覺地阻難了理解的進行），而是明確地考察前理解的根源性和有效性，從凝目注意對象本身來予以規定（即以清明的智性之表現，直接投射在客觀對象之上），使其成為正當的見解。這種見解，往往即是詮釋者的洞見，詮釋者作為一個溝通者，本來就是被要求提供見解以分享的，而當「意蘊」的詮釋加入生活世界的對話，通過主體際的共識而被討論時，其客觀性〔註6〕就決定了。換言之，詮釋的客觀性是溝通導向的，而非目的導向的。

　　「決定如何處理材料的是方法；但決定運用方法的則是研究者的態度。」（08c，6）徐復觀先生如是說。方法與研究者的史觀、世界觀及人生觀，其實是密切相關的，方法對於一位學者來說，不僅是處理材料的操作過程，而且是一種存在的方式，一種對世界的看法。如同林安梧先生所說的：

> 「方法之為方法」，並不是有一些做為技術性的東西，讓你操作。其
> 實是要培養出一個非常敏銳的心靈，非常恰當的一個生活態度，或
> 者更簡單的說「學問就是生活」（05，8）。

這段話真是「方法」的最佳注腳，相信徐復觀先生也是同意的。

第二節　人本主義的美學取向

　　相對於科學的實證主義，徐復觀先生是由人本主義的立場發言的。人本

〔註6〕在此，所謂「客觀性」不是符應原則意義下的客觀，而是「由於一個人做為一個 existence，進入了生活世界，經過了主體的對象化活動之後所給予的一個邏輯的決定，而這個主體的對象化活動所給予的決定，其實是關涉到這個生活世界裡頭的人的 common sense（共識）」（05，6）。

主義或稱爲人道主義、人文主義。在西方，人本主義大體說來有兩個傳統，
一個是濫觴於蘇格拉底「人是什麼」一問的希臘哲學傳統，另一個則是十五、
十六世紀歐洲文藝復興時期所提出的新思潮。前者代表著希臘文化的一個重
要的躍昇：蘇格拉底的這一問，標誌著人們由原始的外向觀察（extrovert view）
轉向內向觀察（introvert view），原來只關心物理宇宙的希臘哲學，指向一個
新的思考中心，所有的問題都以新的眼光重新審視。蘇格拉底不僅提問，而
且嘗試以與人對話的方式，達到對人性的認識，他的問題和方法至今都未曾
被人遺忘或抹煞；至於後者，乃是文藝復興時期學者借用拉丁文「humanitas」，
即「人文學」來稱呼古希臘、羅馬的以人和自然爲研究對象的古典文化，以
表明他們所研究的文化領域，與以基督教神學爲中心的封建文化是不同的。
這些學者因此被稱爲人文主義者，他們一方面研究古希臘、羅馬的哲學經典，
一方面在自己的著作中，不斷推崇人性，強調人的價值，所以，「文藝復興」
同時意味著古典的再生與人的再生，整個人文主義思潮乃是一種新的世界觀
的提出。這個人文主義思潮的影響不僅是思想層面的，也不僅限於當時的人
文學界，藉著大家族的推動，人文學者和當時的建築家、文學家、藝術家，
以及技藝工作者得以結合，並落實到藝術創作和社會建設之中，而其中所展
現的二大原則：1. 經驗論原則；2. 理性論原則，繼續發展、影響了後來的科
學運動與民主運動，並形成近代的西方文化（04，62～72）。然而，從科學文
明蓬勃發展，到資本主義興起，造成工業化的歷程中，人們卻遺忘了原先的
奠基事件乃是來自一個對人、對經典、對歷史的長遠的看法，而在功利主義
的導向中，一味地發揮工具理性。如今，人創造了燦爛的文明果實，但人也
異化爲工具，人類的世界產生反人文、反精神性的現象，人類對自我的認識
陷入了危機。

在中國，人本主義有個源遠流長的傳統：周人憂患意識的自覺，啓發了人
文精神的躍動，由周公的制禮作樂，建構了外在的人文主義，經孔子加以反省，
而將其轉化爲內發的道德的人文主義，中國文化的人文主義性格於是奠立，對
人的本質、人的價值以及人與人、人與自然、人與社會的關係，亦成爲思想傳
統的核心特質。在人文主義的基本原則上，中西方的人文主義是相同的，那就
是重視人本身的努力和陶成，肯定生命的意義是由人自己精神上的努力而體現
的。但中國的人文主義還重視人性發展的潛能，認爲人性的發展是可以層層提
昇的：在儒家看來，凡夫俗子可以變成士，士可以爲君子，君子可以成賢聖；

在道家也是如此，莊子以逍遙遊的寓言，描述生命轉化的歷程，鯤變爲鵬，鵬怒而飛，一飛萬里，生命到達一自由而無限的境界，最後成爲眞人、神人、至人；至於佛家也認爲人可以從凡夫變爲阿羅漢、小菩薩、大菩薩，最後成佛。這些傳統的看法都預設了人可以不斷地超越自我，以達到至善的境界，亦即肯定人以發展自身、成全人格爲目的。此外，中國的人文主義還有一個特色，即是帶有社會的性格，認爲人不但可以不斷地發展，而且跟自然或其他人有密切的內在關係，這種關係完全是內在的，出於某種「群體的合理意識」（03，105），所以中國的人文主義突顯了民胞物與的精神，這與西方人文主義注重個人的價值，突顯個人主義，有著根本上的差異。

　　徐復觀先生是個徹底的人本主義者，他的文化觀、世界觀皆以人爲本，人居於世界的中心，決定了文化的發展，他認爲「文化是人性對生活的一種自覺，由自覺而發生對生活的一種態度（即價值判斷）。」（08g，51）人性構成文化的本質，人性的自覺所作的價直判斷（人生的意義）決定了現實的秩序（生活的格局）。當然徐復觀先生並不否認文化中包含生活的格式和條件，但那是第二義的，他說：

> 當生活的格式與條件，自覺其系代表自己之生活態度時，這是文化與文明的協調。當生活完全落入既成的格式與條件之中，而不復自覺其後面之生活態度與意義時，則文明脫離文化而成爲死物，於是遂形成文化的衰落。也一定成爲文明的破壞。（08g，51）

徐復觀先生承認人創造了文明環境，文明環境會反過來制約人，但是人性的自覺始終是文明再進步的唯一尺度。而人不復自覺其生活的意義，不能從外在的既成的格式與條件中超拔，忽略了整全的人性的發展乃是存在唯一的目的，這正是現代文化的危機，他敏銳地發現：

> 現在世界文化的危機，是因爲一往外追求，得到了知識，得到了自然，卻失掉了自己，失掉了自己的性，即所謂「人失其性」的結果。人失其性，則人類的愛無處生根，因此，安頓不下鄰人，也安頓不下自己。所以現在文化的反省，首先要表現在「復性」上面，使愛能在人的本身生根。因之使愛能融和于現代文化之中，使現代文化能因愛而轉換其價值。（08h，127）

徐復觀先生認爲如果「愛不是出自人我一體，則愛不算在生命中生根」，要人我一體，則只有從自己自反自覺的實踐工夫中翻騰上去」（08c，378）；「復性」

是對人本來面目（亦即「本心」）的自覺與自反，由此自覺自反而發現人我一體的人類愛，以人類愛來轉化現代文化的價值。

　　基於如此的體會，徐復觀先生以對人自身的認識爲其學術研究的核心，人的本來面目的發現爲其目的。因此，他首先對中國的「心的文化」予以肯定：

> 對自我的生命，經過一番功夫加以開闢，因而使人的本心、本性，
> 顯發出來，只有中國的孔孟系統，老莊系統，以及在中國才算成熟
> 了的禪宗系統，才可以找到結果。只有在這種處所，才能發現心的
> 主宰性，心的涵融性。由此而可以了解心的獨體性，與心的共感性、
> 普遍性，乃是同時存在的。由此所開出的路，不僅是某一門學問的
> 路，而是保證人類前途的路。（08h，78～79）

徐復觀先生認爲中國哲人在心的作用中發現了各種價值，如孟子對於「仁義禮智根於心」的陳述，「使夾雜、混沌的生命，頓然發生了一種照明的作用，而使每一個人都有一個方向，有一個主宰，成爲人生的基本立足點」（08a，245），〔註7〕這是道德主體的挺立，是道德價值的貞定；又如「莊子的虛靜明的心，實際就是一個藝術心靈；藝術價值的根源，即在虛靜明的心」（08a，245）；〔註8〕而荀子的〈解蔽篇〉可說是中國古典性的認識論，指出了虛一靜的心是

〔註7〕對孔孟心性之學的肯定，是當代新儒家的共識，但是在內容的理解和詮釋上，徐復觀先生和牟、唐二位先生並不完全相同，他特別強調孟子所謂「踐形」的工夫，強調本心是由工夫而見的內在經驗，本身是一種存在，不是由形而上學的命題推理出來的。由實踐而見的本心，是不脫離現實而在具體的人的生命上生根。徐復觀先生反對以思辨的形而上學來說道德的觀點，與牟宗三先生所建構的道德形上學大異其趣，唐亦男先生曾經指出這點並加以批評說：「徐先生當然有他反對的理由，但是講儒家，只肯定內在主觀的道德性，而不能肯定超越外在的天道天命，忽略道德形上學的意義，不能『極高明而道中庸，致廣大而盡精微』。對徐先生本身學問言不可謂不是一大損失，否則徐先生的學問會更大，境界會更高。」（09，130）徐復觀先生的觀點是由經驗世界出發的，這樣的一種思路，固然有其「偏見」（或稱「先見」），是否切合於儒家心性學的底蘊暫且不論（非本文重點，況且不是三言兩語說得清楚的），但這的確是徐復觀先生的見解所在，也是復觀之學的一大特色。

〔註8〕關於徐復觀先生所指出的莊子開出了藝術精神主體的說法，謝大寧先生曾提出商榷，他認爲「（莊子）所謂明的境界，便是在超越主觀生命之相懸隔下所指述的『生命平平放下』，這是一種精神生命的自我超越，超越而至於精神生命的完全無所罣礙，於此，生命遂轉成一全幅的悠閒與自在。……它似乎可名之曰『生命的徹底優美化』。……這已不再單純是一平面的審美判斷問題，其中是必須連繫著生命主體之超越來看的，亦即它並不是展現生命之藝術面，而

知識得以成立的根源（08a，246）；至於宗教方面，禪宗所說的明心見性、見性成佛，「實際上是認爲本心即是佛，不應向外向上追求。換言之，佛教在中國發展到禪宗，把人的宗教要求也歸結到人的心上，所以禪宗又稱爲『心宗』」（08a，246）。道德、藝術、認知、宗教等是文化現象中最有價值者，而徐復觀先生之看待中國文化的價值，一以人性本心爲尺度，進而致力於闡發道德與藝術兩方面的意義，他的《中國人性論史・先秦篇》和《中國藝術精神》就是代表性的著作。

在這兩部著作中，徐復觀先生都提到以「追體驗」的方法來從事研究工作。在《中國人性論史・先秦篇》的〈再版序〉文中，他說：

> 人格與一般物件不同，……人格是質的存在，不能用數字計算，並不能加以分割。人性論是以人格爲中心的探討。人性論中所出現的抽象名詞，不是以推理爲根據，而是以先哲們，在自己生命、生活中，體驗所得的爲根據。可以說是「質地名詞」。「質地名詞」的特性，在於由同一名詞所徵表的内容，常相對應於人格的「層級性」而有其「層級性」。……層級性的差異，則不論由下向上通，或由上向下落，乃是一個立體的完整生命體的内在關連。……中國的先哲們，則常把他們體認到的，當作一種現成事實，用很簡單的語句，說了出來；並不曾用心去組成一個理論系統。尤其是許多語句，是應機、隨緣，說了出來的；於是立體的完整生命體的内在關連，常被散在各處，以獨立姿態出現的語句形式所遮掩。假定我們不把這些散在的語句集合在一起，用比較、分析、「追體驗」的方法，以發現其内在關連，並順此内在關連加以構造；而僅執其中的隻鱗片爪來下判斷，……其爲鹵莽、滅裂，更何待論。（08d，再版序，2～3）

徐復觀先生強調：對於先哲們得自内外生活體驗的「事實眞理」，不能因爲其表達形式缺乏邏輯結構，就將其排除在學問的領域之外，[註9] 而須用「追體

根本就指述著『生命即藝術』這一命題」，而「因爲徐先生尚不能認知到道家生命的超越性」，是以所謂的莊子開出了藝術主體的說法並不確切。（參見20，134）謝大寧先生以「生命即藝術」來詮釋莊子「明」的境界，是一精采的論述；不過，徐復觀先生所提出的說法，是以闡發中國藝術精神爲主，對莊子底蘊的理解或因其預設立場而有待商榷，但就中國美學的發展來看，後代（指魏晉以後）的藝術創作或美學思想確實由莊子中吸收了豐富的精神資源，儘管莊子本身無意開出藝術主體，但不妨礙後人作別有意義的「誤解」。

〔註9〕徐復觀先生在〈研究中國思想史的方法與態度問題〉一文中，以「事實眞理」

驗」的研究方法，以發現「事實真理」與完整生命體的內在關連，並順此內在關連加以構造，予以詮表。同樣地，以人性為尺度來看待藝術，所以認定藝術的價值貴在藝術家在創作中所呈現的精神意境，而中國古代的畫論家也是以「追體驗」方法來從事評論的，徐復觀先生指出：

> 在中國，則常可以發現一個偉大地藝術家的身上，美學與藝術創作，是合而為一的。而在若干偉大地畫論家中，也常是由他人的創作活動與作品，以「追體驗」的功夫，體驗出藝術家的精神意境。（08e，自序，7）

又說明自己美學研究的方法，也是「以『追體驗』來進入形象的世界，進入感情的世界，以與作者的精神相往來，因而把握到文學藝術的本質」。在徐復觀先生的觀點裡，「體驗」一詞指涉了兩個不同層面的意涵：一指哲人或藝術家自身經由「體驗」，而得出「事實真理」，此真理在哲人表現為與其人格相應的人性論，在藝術家表現為藝術形相中的精神意境；一指研究者經由人性論或藝術形相，對哲人或藝術家的人格境界、精神意境進行「追體驗」，以把握到人性的本來面目或藝術的本質。

就第一個層面而言，依筆者的理解，徐復觀先生所說的「體驗」，指哲人或藝術家修養自己人格精神的工夫，具有直接性、反思性、內在性及構成性等特徵：

1. 直接性

「體驗」不作形上命題的思辨，不用邏輯推理的方式，直接由自身生命在具體生活中的經歷，去把握存在的真理，他人對此真理的證實亦不能由思辨推理而得之，必須自我經歷，一旦體驗，則當下即是，可知人人皆可以如此，此真理雖出於個體體驗所得，但是具有普遍性。所以徐復觀先生說：「任何人在一念之間能擺脫自己所有私念成見，即可體驗到心的作用。」（08a，249）

2. 反思性

「體驗」是人對自己本心的反思，反思，即是心對自身的復反。徐復觀先生認為「心指的是人的生理構造中的一部分而言」，「心可以主宰其他的生

與「理論真理」相對舉，以突顯中西方思想家「體驗」與「思辨」的不同進路。這種分別，大體相當於牟宗三先生所區別的「內容真理」與「外延真理」（參見01，19～43），二位先生皆以此來肯認中國哲學思想的特質，乃至文學、美學的「真實性」和「客觀性」

理作用，但是亦不離開其他的生理作用」（08a，247～248），此心的主宰作用，經反省性的「思」，意識地擺脫生理的裏脅而當體呈露。這種自生理作用中逆反、躍昇的心，才是人生價值的根源。

3. 內在性

徐復觀先生所說的「體驗」，必須以具體情境中的實踐來進行，亦即要在「身體——主體」〔註10〕的間架中展現，所以他強調本心的逆覺必須以「踐形」來證立與完成，從充實道德的主體性來說，踐形即是集義養氣的工夫，「使生理之氣，變為理性的浩然之氣。從道德的實踐上說，踐形，即是道德之心，通過官能的天性，官能的能力，以向客觀世界中實現。」（08d，185）儘管心可以主宰、轉化各種生理作用，但是心不是絕對義的主體，身不是一個對象化的客體，心（主體）與形（身體）並非能所關係，而是一整全的此在，本心的證成，便是「身體——主體」在具體情境中活現，如此，人的內在精神世界才能成為一可感可應的「境界」。由於以「主體經歷」為主導，不以「先驗主體」為優位；不從超越外在的天道天命來肯認本體，而就現實生活中內在本心發見處，當下即是，即工夫即本體。

4. 構成性

人格精神有層級性的差異，因為雖然就本心言，是「人同此心」，但在踐形之時，必須落實在形式之上，而形式本身有限制性（此限制性有二種：（1）人本質結樣上的限制；（2）人所在環境的限制）。本心固然有突破限制的力量，但是其力量能發揮多大，則視體驗涵養的工夫而定，此工夫的具體內容在儒家就是「克己」、「集義」，在道家就是「心齋」、「坐忘」。當體驗涵養之功水到渠成時，則此心突破生理的限制，人不再是一以「我」為中心的分殊的個體，而能納入世界的整全之中，與萬物共其呼吸，上下與天地同流。換言之，人的生命本是生理之氣的任意而行，但經由體驗涵養的工夫，使隱蔽的生命意義開顯出來。在此過程中，每一次的體驗都是生命意義的充實，以及主體在存在情境中的價值展現，不斷地體驗，主體的人格與外在的世界不斷地同層互涉，生命的內在精神漸趨於無限自由，世界也因人的參與而有所成就。

〔註10〕「身體——主體」一詞意指「以作主體存有的『我』與作為物質肉身的『身體』，相互結合一起，視為不可截然二分的全體結構。」（18，104）這個概念在西方是由法國思想家梅格——龐蒂所提出的，乃針對身心二分、主客對立的笛卡兒式的哲學而發的；這種概念可與中國人直覺體悟的思維方式互相發明。

在這個意義來說，體驗構成了人格，也構成了世界。

　　由生命的體驗而形成的人格精神，通過客觀形象的固定，乃具現其藝術價值，徐復觀先生說：

> 把主觀生命的躍動，投射到某一客觀的事物上面去；借某一客觀事物的形相，把生命的躍動表現出來，這便是藝術作品。……藝術作品固然是訴之於人的感官，但感官對作者而言，只是第二義的。第一義的卻是作者未表現出來以前的生命的躍動。這種生命的躍動，假定與以反觀內照，使其停蓄在生命的內部，讓它從幽暗中澄汰出來，以形成晶瑩朗澈的內在世界，這即可用另一名詞稱之為作者的精神境界。中國從前有人說他寫竹只是為寫出自己胸中的逸氣，即是作者的精神境界。（08b，246）

審美是人格的投入，在審美活動中，作為第一義的人格境界愈深廣，對形相本質的發見力愈強，表現出來的形相世界便與人格世界兩相湊泊，作者的精神安住在其中，形相世界即是作者精神世界的象徵。因此徐復觀先生強調「藝術文學的世界，才是人類自身活動的世界。」（08h，212）進而肯認中國山水畫的「反省性反映」具有真正的藝術品的價值，因為那是「超越向自然中去，以獲得精神的自由，保持精神的純潔，恢復生命的疲困，而成立的」（08e，自序，8）。藝術創作是一開顯存有的過程，創作者揭開現實生活中各種存有的隱蔽，返回到他的存在整體，在作品的世界中表現自身生命的躍動、精神的自由，藝術作品因此成為一個意義世界，等待觀賞者的體驗。

　　觀賞者的體驗即是徐復觀先生所說的「追體驗」。徐復觀先生認為從人性論中「發見」人性概念的意涵及其與生命的內在關連，必須用「追體驗」的方法；深入藝術作品的形象世界、感情世界中，以「發見」作者的精神意境，也必須用「追體驗」的方法。然而，人性論與美學研究中的「追體驗」是否完全同質呢？

　　徐復觀先生在說明思想史方法時，特別強調「由古人之書，以發見其抽象的思想後，更要由此抽象的思想以見到在此思想後面活生生的人；看到此人精神成長的過程，看到此人性情所得的陶養，看到此人在縱的方面所得的傳承；看到此人在橫的方面所吸取的時代」，也就是說，對思想的研究不止於客觀知識的認取，思想雖由概念來表達，但是思想對象化為概念只是過程，並非目的，概念終究要還原到思想家的具體存在中，作為整體存有的意義而

被理解。所以，研究者與研究對象之間的關係不是主客二分，而是互為主體的，研究者由思想的抽象走向思想家的人生、時代的具體，而思想家的精神也進到研究者的時代，發揮充實或批判的作用。所以，整個研究活動不是單向式分解，而是雙向的交錯，「我們不僅是在讀古人的書，而是在與古人對語」。對於人性論與藝術的研究更是如此，研究者與研究對象之間進行互為主體性的對話，「互為主體性」在此一方面指研究者與研究對象之間的對待關係，一方面指生命主體與生命主體的精神往來。「追體驗」即在此主體際的對話中進行，這也就是人性論與美學研究方法的共性。

在此共性下，人性論與美學中的「追體驗」仍有著明顯的殊性，那就是前者以概念語言，後者以情感語言為對話的媒介。人性論中的概念語言雖然不同於表達外延真理的邏輯語言，而為「質地名詞」，但是必須訴諸理性來認識，而不同於藝術中訴諸感性知覺的情感語言。徐復觀先生對文學的「追體驗」作了如此的說明：

> 詩的主要內容是情感；情感的本身便是朦朧的。而在表現上則多使用象徵性的語言，象徵較實事實物，本有較寬的伸縮性。所以對同一首的評鑑，常可以得出不同的看法。但評鑑時所用的基本工夫，應當是相同。即是由作者的人與事的了解，由字句及字句中故實的了解，以把握一個初步的輪廓。再進一步由反覆的詠誦以得其韻律，得其神味，得其「情像」中所蘊含的作者的感情，此即日本人喜歡用所謂的「追體驗」。（08f，188～189）

正如卡西勒所說的：「藝術是一個獨立的話語的宇宙」（universe of discourse）。」（21，222）文學藝術的語言有別於一般的言說，人與藝術品的相遇是一種心靈的震動、情感的共鳴。作者以形相將內在的精神情意具體化，形相本身構成藝術品的意義世界，它要觸動觀賞者的心絃，使觀賞者返觀自己。換言之，觀賞者對作者意境的把握必須透過形相的媒介，亦即對藝術的形相有一透視的能力，乃能進入作者的精神意境。這種對形相的透視，同時是感性直觀，也是感性體驗，直觀以獲得有意味的感性形式，體驗以與之共鳴而得到心靈的暢適與自由。當觀賞者在藝術品中看見了生命的躍動和精神的自由，他才能真正把握藝術的存在方式。這就是徐復觀先生所說的「以『追體驗』來進入形象的世界，進入感情的世界，以與作者的精神相往來，因而把握到文學藝術的本質」。把握到文學藝術的本質後，予以概念化的詮表，便是美學理論

的建構工作了。

以上兩節分別探討徐復觀先生美學方法的兩個重要側面，第一節討論了「整體性」一詞的意涵、歷史意識中「人」與「世界」的發現、詮釋的方法等，以突顯其整體性歷史理解的特色。從這個側面，就可以理解爲什麼徐復觀先生「不順著理論的結構寫了下來，而是順著歷史中有關事實的發展寫了下來，以致形式上有的不免於顯得片斷或重複；但不因此而妨礙其由內在關連而來的系統性」（08e，序自，3）。美學史的研究在徐復觀先生來說，既是目的，也是方法，所以，《中國藝術精神》一書不僅是中國美學史的著作，也是中國美學的著作；不僅呈現中國美學的歷史的意義，也以現代性的語詞，參與現代美學的言說論域，透過與西方美學理論的比較，展現中國美學的現代的、乃至將來的意義。

其次，在第二節中討論了徐復觀先生美學方法的人本主義傾向，徐復觀先生以其深邃的人文主義心靈，洞見了審美活動的存在意義，強調美學研究的人性尺度與體驗的方法。從這個側面，我們可以看到徐復觀先生美學是規範性的，不是描述性的，他所關心的不是如何深入而全面地理解各種藝術，而是以人格境界的深度和廣度來決定藝術的優劣，確定如此的價值規範，而進而依此標準來評判各種審美事實，得出本質性的結論。

綜結以上的論述，可以說徐復觀先生的方法意識對其美學思想的開展有定向的作用，這是在探討徐復觀先生美學思想的意蘊之前，先討論其方法意識的原因所在。

本章引用文獻編碼

01.　牟宗三：《中國哲學十九講》，台北：學生，1983 年。

02.　余英時：《歷史與思想·自序》，台北：聯經，1976 年。

03.　杜維明：〈現代的「自我反省」——泰勒與杜維明的對話〉，《當代》第九十九期，1994 年 7 月 1 日。

04.　沈清松：〈人文主義與文化發展〉，《中國文化月刊》第八十三期，1986 年 9 月。

05.　林安梧：〈存有·方法與思想——對於「方法論」的基礎性反省〉，《鵝湖》第十八卷第十期，1993 年 4 月。

06.　林朝成：〈自然形相與性情——通過現代畫論戰重看徐復觀的美學思

想〉，《炎黃藝術》第四十八期，1993 年 8 月。

07. 胡昌智：《歷史知與社會變遷》，台北：聯經，1988 年。

08a. 徐復觀：《中國思想史論集》：台北：學生，1959 年。

08b. 徐復觀：《徐復觀文錄選粹》：台北：學生，1980 年。

08c. 徐復觀：《中國思想史論集・續篇》：台北：時報，1982 年。

08d. 徐復觀：《中國人性論史・先秦篇》：台北：學生，1984 年七版。

08e. 徐復觀：《中國藝術精神》：台北：學生，1984 年八版。

08f. 徐復觀：《中國文學論集・續篇》：台北：學生，1984 年再版。

08g. 徐復觀：《儒家政治思想與民主自由人權》：台北：學生，1988 年再版。

08h. 徐復觀：《徐復觀文存》：台北：學生，1991 年。

08i. 徐復觀：《徐復觀雜文續集》：台北：學生，1981 年。

09. 唐亦男：〈從討論「慎到之道」看徐先生治學精神〉，收入《徐復觀學術思想國際研討會論文集》，東海大學編印，1992 年。

10. 唐君毅：《中國人文與當今世界・下》，台北：學生，1978 年再版。

11. 殷鼎：《理解的命運》，台北：東大 1990 年。

12. 陳昭瑛：〈一個時代的開始：激進的儒家徐復觀先生〉，《歷史月刊》第十五期，1989 年 4 月。

13. 黃俊傑：〈徐復觀的思想史方法論及其實踐〉，收入《徐復觀學術思想國際研討會論文集》，東海大學編印，1992 年。

14. 葉朗：《現代美學體系》，台北：書林，1993 年。

15. 董作賓：〈歷史語言所在學術上的貢獻——為紀念創辦人終身所長傅斯年先生而作〉，收入《大陸雜誌史學叢書》第一輯第一冊，台北：大陸雜誌，1960 年。

16. 翟志成：〈儒門批判與抗議精神之重建——徐復觀先生對當代新儒學之貢獻〉，收入《徐復觀學術思想國際研討會論文集》，東海大學編印，1992 年。

17. 鄭金川：《梅洛——龐蒂的美學》，台北：遠流，1993 年。

18. 蕭欣義：〈一位創新主義的傳統觀——『徐復觀文錄選粹』編序〉，收入《徐復觀文錄選粹》，台北：學生，1980 年。

19. 謝大寧：〈儒隱與道隱〉，《國立中正大學學報・人文分冊》，第三卷第一期（1992 年）。

20. 恩斯特・卡西勒著，甘陽譯：《人論》，台北：桂冠，1990 年。

21. 黑格爾，朱孟實譯：《美學》第一冊，台北：里仁，1891 年。

22. 漢斯——格奧爾格・加達默爾著，洪漢鼎譯：《眞理與方法・第一卷》，台北：時報，1993 年。

第三章　徐復觀審美理論的內涵

　　徐復觀先生的美學研究，以闡發中國藝術精神的主體性為宗旨，徐先生強調審美主體的精神境界為藝術的價值所在，這並不是西方唯心主義的同調，西方美學討論審美活動，大體上都預設了主體、客體二分的存在模式，不是強調客體具有客觀性的美的本質，主體只能摹仿或再現此客觀性的美而已，就是強調主體的能動性，而客體則是主觀情感的表現媒介。基本上，主客二分的模式是西方哲學知識論的架構，西方美學對審美關係的討論時常是知識論的引申。對照而言，徐先生強調存在是一個整全，主客二分只是意識活動的對象化過程，而不是存在模式，因此他對審美活動的討論，特別強調主客的涵攝關係，其所闡發的「主體性」乃從整體的存在世界來加以界定，是人的價值意識在內在世界與外在世界的互動中的覺醒，而不同於康德主體哲學所說的「先驗主體」。因此，徐先生的審美理論涵有一多層互涉的架構：以藝術精神主體為核心而開展出藝術精神之價值詮釋、審美觀照之過程描述，以及藝術形相之意向分析等三個主要層面。以下筆者將探討徐先生在這三個層面所開展的論點及特色。

第一節　藝術精神的價值詮釋

　　徐先生的價值詮釋系統，以「心」為根源，以「生」為基底，「生命」、「生命活動的現世」是其價值論首出的概念，他認為人生的價值不能安放於柏拉圖式的理型世界，或是希伯來的上帝之處，而是要從生命的自身來肯定人生的價值（詳見 11f，116～118）。生命本身是自足的，人生價值的根源也是內在

的,他說:

> 心,指的是人的生理構造中的一部分而言,即指的是五官百骸中的
> 一部分;在心的這一部分所發生的作用,認定爲人生價值的根源所
> 在。……「形而上者謂之道,形而下者謂之器」……這兩句話的意
> 思是說在人之上者爲天道,在人之下者的是器物;這是以人爲中心
> 所分的上下。而人的心則是在人體之中。……所以心的文化,心的
> 哲學,只能稱之爲「形而中學」,而不應講成形而上學。(11a,243)

〔註1〕

徐先生強調身心是一個活生生的整體,「心」不能離開生命體而單獨發生作
用,所以它內在於生命體;它開啓生活世界,〔註2〕使生命體成爲一不斷擴充
其意義的經驗結構,所以它又超越於生命體,這個既內在又超越的「心」既
是存在的基礎,也是一切價值的根源。〔註3〕

　　由此來理解徐先生看似疏略的「心──形而中學」,可見其斬斷形上學的
糾葛意在吊銷實在形上學的主客模式與符應原則,而非否認形上之道的存
在。類似西方當代現象學的主張,徐先生將形上之道「存而不論」,純由生活
經驗的體認以貞定「形而中」的「心」對生活世界的開啓意義,然後把「天
(道)」、「性(德)」的概念都收攝於「心」上,理解爲「心」的無限精神境
界的展現,他對於先秦儒道的人性論便以此爲詮釋模式,而作出以下的斷言:

1. 從《論語》的全般語言看,他(孔子)所把握的,只是在人現實生命
   中所蘊藏的道德根苗的實體;天乃由此實體的充實所投射出去的虛
   位。(11b,75～76)
2. 「盡心」,不是心有時而盡,只是表示心德向超時空的無限中的擴充、

〔註1〕 針對徐先生將心視爲生理構造的一部分,黃克劍先生曾提出質疑:由「生理」
　　　　而「價值」實有一空隙的跳躍,徐先生對於生理構造的「心」如何生發出非
　　　　生理的「價值」而爲價值的根源,並未深入論證。(詳見14,2000)這個空隙
　　　　的確是徐先生的「心──形而中學」的理論困境所在。
〔註2〕 林安梧先生指出「徐先生不從『超越面』來看待心,而是從『作用面』來
　　　　看待心,這樣的『心』是一『活生生的實存而有』的心,是一走入整個生
　　　　活世界的心。」(06,461～463)筆者認爲此解甚得徐先生「心的文化」之
　　　　精義。
〔註3〕 徐先生所說的「心」不限於道德心,由心所開闢的價值世界也不只是道德價
　　　　值,因此他雖然將中國文化歸結爲「仁性」文化,但是他也肯定莊子「心齋
　　　　之心」爲藝術成立的最後依據,承認道德與情欲的互動關係,顯示了重建中
　　　　國文化多元價值層構的意圖及其可能。

伸展。而所謂性，所謂天，即心展現在此無限精神境界之中所擬議出
的名稱。（11f，181）

3. 道家的宇宙論，實即道家的人性論。因為他把人之所以為人的本質，
   安放在宇宙根源的處所，而要求與其一致。（11f，325～326）

4. 莊子主要的思想，將老子的客觀的道，內在化而為人生的境界，於是
   把客觀性的精、神，也內在化而為心靈活動的性格。（11f，387）

在徐先生看來，「心」是涵於價值意識中的「仁心」或「本心」，生活世界的
意義或價值系統即由此心源所輻射照顧者，「天」須由「心──性──天」一
體的存有論脈絡來賦予客觀性原則的意義，這種由「心」賦予的「意義」，即
是「價值」的表現，因此，「天」不是一外在超越的絕對實在，而是一價值實
體（11f，118）。依這個詮釋模式，徐先生在人性論系統中，通過對生命經驗
驗的客觀性解釋，建構了一個可能的價值世界。

　　在徐先生所勾描的價值世界中，藝術以其精神價值居於重要的一環。他
肯定藝術必須與人的精神相遇，才能實現其存在，人的精神，而不是理型世
界、上帝的純粹精神或絕對精神，才是藝術實存的境域。精神，是心的作用、
狀態，主體的心靈層級決定了藝術精神的境界層級，而最高的藝術精神即是
主體心靈完全自由的外顯。徐先生藉著對莊子的詮釋，如此描述精神自由的
狀態：

> 他（莊子）所追求的精神自由，實際乃是由性由心所流出的作用的
> 全般呈現。此作用的一面是「光」、是「明」；另一方面又實含有不
> 仁的「大仁」，及「自適其適」的「天樂」「至樂」在裡面。（11d，
> 91）

所謂的精神自由，是心的作用全般呈現的境界，作為藝術精神主體的心有二
方面的作用：一是「光」、「明」，一是「大仁」與「至樂」。依徐復觀先生的
詮釋，「光」、「明」乃是以虛靜為體的知覺，這是超越一般所謂感性的知覺，
它具有洞徹事物的能力，可以通向自然之心，直觀事物的本質（11d，84）；所
謂的「大仁」、「至樂」則是虛靜之心對一切分別相、差等相的平等看待，而
在此平等看待自己與人物皆得到自由，得到生的滿足與自適的快樂（11d，
106）。徐先生在以上的詮釋中，表達了兩項重要的見解：

1. 肯認以虛靜為體的超感性知覺具有直觀存在本質的能力。

2. 肯認虛靜心體所開展的藝術精神在於呈現自我與世界的和諧關係。這

兩個見解在釐清快感與美感的經驗性質及價值層次上，〔註4〕具有相當的啓發性。虛靜之心是藝術精神的主體，此主體的「超越一般感性的知覺」意味著主體具有對感性過程（包括感覺、情緒或感情以及感性判斷）的理性照明能力，而使美感經驗超越了純粹感官刺激引起的快感，體現一種在生命深處澄汰過的，足以供心靈涵藏游息的「本質地、根源地美」。

美感時常與快感混爲一談，其實二者有著本質上的差異。美感可以快感爲基礎，但是美感不等於快感，快感是一種簡捷、單向的經驗過程，由「刺激」「而生的「感應」立即導致「判斷」，在此過程中「刺激」與「快感」有一種直接的因果關係，「經驗」本身反而居於次要的地位，「刺激」成爲實現「快感」的手段，「刺激」一消失，經驗也即完成，經驗本身無法發展、擴大，因此「快感」的價值層次往往是屬於實用價值，而且只是一個局部的價值，不能成就人的整體價值；徐先生強調藝術主體的知覺爲超越一般感性的知覺，此超越感性的知覺指向存在世界，直觀事物的本質。這種「直觀」在「照亮」存在的本質與究竟的同時，回到人的自身，擴大生命的境域，充實生的意義。這就指出了美感經驗是一個內在世界與外在世界交流的境域，而且美感經驗是以其經驗本身爲內在自足的目的，其經驗境域中的主客交流乃是一種內化、反省的過程，經由內化、反省，美感經驗成爲一發展的、不斷擴充的生命意義體，從而體現人的整體價值，在這樣的美感經驗之中，「內化」的過程及結果乃由主體的心靈作用所主導。對於心靈的作用徐先生特別強調：知覺所由生發的「心」乃以虛靜爲體，因此萬物得以原有具體之姿一無滯礙地直來直往，呈現其自然本色，心體於是涵融著全世界，向無限中飛越，這就是自由的心與自然的物兩忘合一的境界，此時的人與物互爲主體性地相涵攝，自我與世界的關係達到和諧統一，即是最高藝術精神的呈現。

徐先生認爲最高藝術精神的價值在於「自由」的實現與「生命」的復歸、完成。「自由」在徐先生的美學系統裡，是與生命所受的限制對顯出來的。生命所受的限制有三種：一是現實世界對個體生命的壓迫，二是個體生命自身的生理限制，三是個體生命與個體之外的人物的隔閡。相應於第一種限制，「自由」指涉著藝術對現實世界的止揚，及由此所獲得的解放。第一種限制由個體與群體互動而對比出來，徐先生認爲人在藝術精神的世界裡求得心靈的自

〔註4〕關於「快感」的經驗性質和價值層次，高友工先生〈在文學研究的美學問題〉（12，153～155）一文有精采的分析，筆者在此的討論，多得其啓發。

由解放，而超越了這種限制，他說：

> 莊子只是順著在大動亂時代人生所受的像桎梏、倒懸一樣的痛苦
> 中，要求得到自由解放；而這種自由解放，不可能求之於現世。也
> 不能如宗教家的廉價地構想，求之於天上，未來；而只能求之於自
> 己的心。心的作用、狀態，在莊子即稱之為精神，即是在自己的精
> 神中求得自由解放；而此種得到自由解放的精神，在莊子本人來說，
> 是「聞道」、是「體道」、是「與天為徒」，是「入於寥天」；而用現
> 代的語言表達出來，正是最高地藝術精神的體現；也只能是最高地
> 藝術精神的體現。（11d，61～62）

在此，徐先生凸顯了藝術人性向度的呈現：藝術精神企求超越現實生活的不
圓滿，因此在現實世界之上建立理想的世界，使人得以在此安放自己，而得
到精神的自由解放。「藝術」的出現與續存標誌著人類從高於現實世界的所
在，對自我與現實世界的觀看，觀看行為的本身就是對現實世界的超越，而
在徐先生看來，此超越是個體精神擺落了現實糾葛，與天地精神的冥契，在
這樣的藝術精神中，對現實世界的照臨，不是激情的、焦慮的、批判的，乃
至嘲弄的，而是一種逸出界限的精神舒放，一種內在性情的無限延伸。

　　這種精神的舒放、性情的延伸，是人回到自己，面對自身生命的有限，而
自我超越的結果。「生命的有限」緣起於人的自覺，「我」為一個體的存在，經
由此一自覺，「我」看見自己在世存有的肉身，「我」也看見自己「在」存在世
界之中，因而在主體意識中有了心身的對立、自我與存在世界的對立，在這種
對立中生命感受到生理對心的制約，以及自我與存在世界其他個體的隔閡。相
應於這兩種限制，主體意識本身，即是「自由」的門檻，「自由」指涉著解消主
體意識，跨越心身的對立、心物的對立，回歸於原始的整全的存在──物我兩
忘的和諧整體。依徐先生的解釋，這便是由「心齋」、「坐忘」的工夫所達成的
「無己」境界。「無己」正所以全神投入，於是藝術的創造有「技進乎道」的可
能。徐先生藉著庖丁解牛的寓言，詮釋「技進乎道」的意涵：

> 庖丁解牛，究竟與莊子所追求的道，在什麼地方有相合之處呢？第
> 一，由於他「未嘗見全牛」，而他與牛的對立解消了。即是心與物的
> 對立解消了。第二，由於他的「以神遇而不以目視，官知止而神欲
> 行」，而他的手與心的距離解消了，技術對心的制約性解消了。於是
> 他的解牛，成為他的無所繫縛的精神遊戲。他的精神狀態由此而得

到了由技術的解放而來的自由感與充實感。(11d，53)

心與物的對立解消，並不意味著人成為萬物中的一物，而是人與物互為主體性地涵攝為一體，此時主體的觀物，不是對萬物作外延概念的分析或利害的判斷，而是以自己的全幅精神參與其內涵系統，與萬物無所限隔地照面，則萬物的「自然」（指原有的具體之姿）都成為吾人心靈世界的意象，這就是徐先生所說的「主客合一以後的創造，此之謂以天合天」(11d，127)。解消手對心的制約，亦即是解消技術對心的制約，這並不意味著對技巧的揚棄，而是技巧精熟至「由有法進於無法，在無法中而又有法」(11d，127) 的程度，得之於手而應於心，「如造物者之『彫刻眾形而不為巧』（〈大宗師〉），即巧而忘其巧，創造而忘其為創造，則創造便能完全合乎物的本質本性。這才是最高地藝術創造」(11d，123)。這樣的創造不必「天才」而行，不待「靈感」而成，只是生命以其全體氣力精神去投入，使技巧本身充滿生命的力度和深度，乃至於出神入化。出神入化，即自然地忘掉自己、忘掉技巧，甚至忘掉創造，最後把藝術遺忘在天地之際，任生命自由自在自然地往復。徐先生在此揭示了一個永遠追求不盡的理想，對於藝術家而言，技巧的追求與超越是永無止境的，每一次的現實轉化（藝術形相的呈現）都是自身的生命止限的提醒，並暗示著生命等待著完成。

在徐先生對審美理想的籌劃中，審美經驗不僅是唯美的趣味判斷而已，更關聯著生命的復歸與完成，藝術之所以完全是人自身的世界，因為無論其活動形式或內容都是生命意識 〔註 5〕 發展進程的標誌。「生命」在徐先生的思維裡，從來就不是生物學的或心理學的概念，而是從可以與物相感相通的本心所認取的人的本質存在，以及生生不息的自然萬物（包括有生命的自然現

〔註 5〕 「生命意識」，「意識」是「生命體」或擁有「生命」者才可能發生的屬性，所以廣義地說，一切的「意識」都是「生命意識」。本文則採用了狹義的解釋，指生命對其自身之存在以及其存在狀態的知覺。關於「生命意識」柯慶明先生在其〈文學美綜論〉一文中，作了深入而精采的析論，他指出生命意識完整呈現的條件有二：一是意識者自身的意識；一是時空中具體情境的意識。後者又可分為二個階段：「情境的感受」與「生命的反省」，「情境的感受」是對情境的客觀狀況有所知覺，而產生自然的自我反應，然後覺知這種主觀的自我反應，此覺知使我們發現自我潛藏的內在本性，這是生命意識的初步醒覺，生命意識的充分開展則有待「生命的反省」，所謂「生命的反省」，是基於「情境的感受」中對情境狀況與自我反應的同時感知，而發展出來的更進一步的對於自我與世界之適當關係的尋求。（參見 09，51～62）

象，以及無生物性生命卻處於生生不息的創造與運動狀態的自然界）。生命的
復歸與完成指的是生命的存在從隱蔽的狀態甦醒過來，清明自在地悠遊於生
生不息的天地之間。在徐先生看來，最高藝術精神呈現出來的人，就是能遊
的人，他說

> 莊子之所謂至人、真人、神人，可以說都是能遊的人。能遊的人，
> 實即藝術精神呈現了出來的人，亦即是藝術化了的人。（11d，63～
> 64）

在莊子而言，「遊」是生命在超越分解，歸於渾化時，所展現的全幅的悠閒自
在，「至人」、「真人」、「神人」作為理想人格，其生命本身就是一種超越的「天
地之美」。把莊子的「能遊的人」理解為生命的藝術面呈現出來的人，毋寧是
一種窄化的「誤解」，但卻也凸顯了徐先生對藝術的遊戲性格的把握。徐先生
用遊戲的概念來解釋藝術的性格，是以西方美學家席勒的遊戲說為參照系
的。席勒的遊戲說來自康德，康德把藝術和勞動相比，認為勞動是強制性的，
而藝術是一種遊戲，遊戲的特點在於它是排除一切強制的自由活動（22，153
～154），席勒所說的遊戲衝動就是一種自由活動，〔註6〕它排除了感性衝動通
過自然規律對精神的自然強制，又排除了形式衝動通過理性法則對精神的自
然強制，使人在物質方面和道德方面都達到自由，成為一個完美和諧的人。
將席勒的遊戲說與徐復觀先生的遊戲概念作一簡要的比較，可發現他們的觀
點雖相近而有著實質上的不同，相近的是二者皆以藝術為自由活動，藝術活
動可使人成為完美和諧的人，在這一點上，可說是中西兩個人本主義心靈的
不期然而遇，不過席勒在此基礎上，繼續發展出其美育的觀點，徐先生則由
此肯定中國藝術精神的價值，但無美育的規劃；至於相異之處，主要在於對
人性的看法不同，徐先生承認「在生命裡有情與理的對立」，但是理可制情，
「情隨理轉，情可成為實現理的一股力量，而情亦理」，如此一來，「情理相
融，生命通過對立的克服，而重新歸於統一，歸於徹底的統一」，（11a，241）

〔註6〕 席勒認為人的本性要求有三種：一是「感性衝動」，這種衝動產生於人的自然
存在或感性本質；二是「形式衝動」，這種衝動產生於人的絕對存在或理性本
質；三是「遊戲衝動」，這種衝動使前二種對立的衝動統一起來，達到人性的
完美存在的實現。其名言是「只有當人在充分意義上是人的時候，他才遊戲；
只有當人在遊戲的時候，他才是完整的人。」（26。116）在席勒看來，人
的充分意義就是人性的完美存在的實現，亦即是各種功能諧和、統一而全面
和諧發展的完整的人，「人性」指的是人的完整性，以及人的這種完整性中內
在的「自由」。

他強調情欲與道德的互動關係，主張道德須有情欲的支持才能有力量，而情欲須有道德的疏導來安頓（11d，27～28）。因此徐先生不像席勒把「遊戲」視爲人性的基本衝動之一，而是視爲經由工夫的實踐而獲得精神自由的象徵。

以「遊」作爲藝術活動中精神自由的象徵，徐先生特別標舉了二個「遊」的條件，一是「無用」，徐先生稱之爲消極條件，他說：

> 莊子雖有取於「遊」，所指並非是具體地遊戲，而是有取於具體遊戲中所呈現的自由活動，因而把它昇華上去，以作爲精神狀態得到自由解放的象徵。其起步的地方，也正和具體地遊戲一樣，是從現實的實用觀念中得到解脱。康德在其大著《判斷力批判》中認爲美的判斷，不是認識判斷，而是趣味判斷。趣味判斷的特性，乃是「純粹無關心地滿足」。所謂無關心，主要是既不指向實用，同時也無益於認識的意思。這正是莊子思想中消極一面的主要内容，也即是形成其「遊」的精神狀態的消極條件，以及效用。（11d，64）

「無用」是不指向實用，同時也無益於認識的審美態度，審美態度本身是審美觀照或體驗的預備階段，而非審美觀照或體驗的本身（此在第二節將更進一步探究）。「無用」在徐先生看來，是遊於藝術的基本條件，最高的藝術精神乃「無用」的極致——在一個渾全的「一」之中觀照萬物，既不要求爲萬物所歸，自己與萬物皆得以自由自在地呈現本來的面目。

「無用」是「遊」的消極條件，那麼積極條件爲何？徐先生拈出一「和」字來概括之。綜結徐先生對「和」的解釋，「和」涵有三層意義：其一、和是藝術形式各種要素的諧和、統一。就此意義而言，藝術的形式不止於娛目悅耳的功能，而具有更深刻的意義——給出一種秩序，可以這麼說：藝術形式的創造性即在於給出新的生命秩序；其二、和是人的本質，也是藝術的本質。此就「樂由中出」（樂以概括所有的藝術活動）而言，藝術是内在性情的表現，「和」是由内在的感性、自然性中建立理性和社會性；其三、和是「大樂與天地同和」的境界。這是徐先生所謂的和的極致——生的完成：

> 在藝術精神的境界中，是一種圓滿具足，而又與宇宙相通感、相調和的狀態，……在此狀態中，精神是大超脱，大自由；……道家與儒家，同樣體現群性於個性之中；故一己之「生的完成」，同時即是萬物之「生的完成」，所以便用「其神凝，使物不疵癘而年穀熟」來

　　加以形容。這也是「和」的極致。（11d，69）〔註7〕

和的極致是宇宙全體大生命的流行，藝術的最高境界就是天地的節奏與和諧的反映。所以，徐先生強調藝術的活動不在營造一個孤芳自賞的幻想世界，而是經由自覺與超越，恢復人原有的生命力，涵融天地萬物，與物爲春。順著這個理路，徐先生強調最高藝術精神主體的虛靜之心，「是社會、自然，大往大來之地；也是仁義道德可以自由出入之地」，「不僅由此可以開出道德的實踐，更可由此以開出與現實、與大眾融合爲一體的藝術」。（11d，134）在徐先生對於藝術精神終極價值的詮釋中，可以看出其所謂的最高藝術精神，默契著人應該如何抉擇自我與世界關係的倫理命題。

　　在徐先生對最高藝術精神的價值詮釋中，涉及了藝術精神與道德精神、宗教精神的會通。道德與藝術的糾纏是美學的主要問題之一，大部分的論者走向兩個極端：唯美主義者主張藝術而藝術，否定作品有道德性質，強調作品的價值只由審美或形式的條件來判斷；道德主義者則提倡爲人生而藝術，肯定道德性質與作品價值的關係，並強調應該只用或主要用道德標準來衡量作品的價值。〔註8〕這兩種主張都失之偏執，後者忽略了藝術與道德之間的根本差異，前者無法正視藝術與道德的互動關係。

　　以最高藝術精神默契倫理的抉擇，並不意味著徐先生將藝術解釋爲一個道德的範式。徐先生很明白地區分了藝術與道德的根本分別，他承認審美的或形式的條件是藝術的必要條件，並分辨「美」與「善」是兩個不同的範疇（11d，13），甚且強調就審美觀照活動本身而言，以道德爲目的的意向也是要擺脫的（11d，92）；可見，徐先生並未混淆藝術與道德的界限，而是在肯定藝術品是藝術家人格具現的前提下，強調：

> 作者精神的層級高，對客觀事物價值、意味，所發現的層級也因之
> 而高；作者精神的層級低，對客觀事物價值、意味，所發現的層級
> 也低。決定作品價值的最基本準繩，是作者的發現能力。作者要具

〔註7〕　這樣的詮釋會通了儒道，也改造了道家系統的終極關懷。這是徐先生會通儒道的特色所在，得失有待評估。

〔註8〕　前者如王爾德，他認爲「書無謂道德的或不道德的。書有寫的好或寫的差的。僅此而已。」（28，序）後者如托爾斯泰強調藝術家的誠心（詳見27，160～162）以及道德的創造動動；「現在藝術的任務在於把『人生幸福爲相互連合』的眞理，從理性的範圍移入情感的範圍，並且在強有力的地位上建設上帝的國──那就是人生最高目的的愛。」（27，204）。

備卓越的發現能力，便必需有卓越的精神；要有卓越的精神，便必
需有卓越的人格修養。（11e，3～4）

對人格有層級性昇進可能的看法，是中國哲學思想的人本主義傳統，也是當
代新儒家們的共識，這可以牟宗三先生的論述來加以補充說明：

自人格而言之，則人之道德智慧，亦層層向上而擴大。人必須超越
其「形限」以上升，由較低之價值層，升至較高之價值層，最後升
至與神接與天通。高低何以判？以物化之深淺判（按：此「物化」，
是受役於物之意，非莊子所謂「物化」），以精神之隱顯程度判。物
化深者，其精神隱陷之程度亦甚，此則完全不離其軀殼，所謂小人
也。由此逐步超轉，直至精神全體透露，則與神接與天通，所謂大
人聖人也。（05b，43）

這種人格層級轉進的可能與理想，不僅落實於人文制度的德治格局，一如牟
宗三先生於《歷史哲學》中所闡發者，也落實於藝術活動的精神界域，這就
是徐先生在《中國藝術精神》中所表達的懇切關懷。

不過，徐先生所謂的人格修養並非專指道德修養，這種看法與同樣關懷
中國文化之精神價值的唐君毅先生有所不同。唐君毅先生把人生的求真和審
美的價值都收攝在一元的道德理性之下，他認為「儘管吾人自覺目的是為求
美而求美；而此求美所依之心靈之本身，仍為一道德的心靈，因而皆可表現
一種道德價值」（10b，391～395），進而肯定道德實踐在審美活動中的優位；
在徐先生的闡釋中，審美價值並不是由一元的道德理性來統攝的，他所謂的
人格修養是「由現實生活的反省，迫進於主宰具體生命的心或性，由心性潛
德的顯發，以轉化生命中的夾雜，而將其純化，由此而落實於現實生活之上，
以端正它的方向，奠定人生價值的基礎」（11e，4），而儒道兩家的心性之學
都有這種人格修養的意義。順此，徐復觀先生在肯認莊子是中國純藝術精神
源頭的同時，並強調道家系統的藝術精神，並不是西方所謂的為藝術而藝
術，他說：

西方所謂為藝術而藝術，常指的是帶有貴族氣味，特別注重形式之
美的這一系列，與莊子的純素地人生，純素的美，不相吻合。……
他（指莊子）對於藝術精神主體的把握及其在這方面的了解、成就，
乃直接由人格中所流出。吸此一精神之流的大文學家，大繪畫家，
其作品也是直接由其人格中流出，並即以之陶治其人生。所以莊子

　　和孔子一樣，依然是爲人生而藝術。（11d，135～136）

由人格所開闢的人生，具現爲不同型態的藝術精神，可以是直上直下的純藝術精神，也可以是帶有濃厚人間性格的藝術精神，而二者之間，可以互相轉換，並沒有不可踰越的界域。

　　徐先生正是由這個角度主張藝術精神主體可以是仁義道德自由出入之地，這既不是認爲藝術作品須以促進人的道德意識、行爲爲目的，也不是強調道德實踐在審美活動中的優位，而是從藝術品作爲藝術家的人格具現，以及藝術欣賞活動中作品效果的感發，來說明道德在最高的藝術精神活動中所產生的積極作用，他說：

> 由修養而道德內在化，內在爲作者之心。「心」與「道德」是一體，則由道德而來的仁心與勇氣，加深擴大了感發的對象與動機，能見人之所不及見，感人之所不能感，言人之所不能言，這便只是提高，開拓文學作品的素質與疆宇，有何束縛可言。古今中外眞正古典地、偉大地作品，不掛道德規範的招牌，但其中必然有某種深刻地道德意味以作其鼓動的生命力。（11e，18～19）

徐先生所說的道德源自仁心，是人性所共同，可以自力爲之而化爲充沛生命力的，從創作的過程來看，此仁心加強了感興的深度與廣度；從作品對讀者的影響來看，作品乃是以其鼓盪的生命力給予讀者心靈深處的共鳴，經過時間的淘洗、世代的更替，而共鳴依舊的，正是由於「詩人把無數讀者所蘊積而無法自宣的悲歡哀樂還之於讀者」（11g，86），這種「繫一國之意以爲己心」的詩心，是個性與社會性在終極之地的統一，亦即是最高的道德精神與最高的藝術精神的會通。

　　徐先生所謂的最高藝術精神，不但是藝術與道德的會通之地，也是藝術與宗教的會通點。在徐先生的理論脈絡裡，我們看到這樣一種強調：在世存有的生命是有限的，這是一個事實，而生命有追求超越的意向，也是事實，二個事實構成一個悖論，而藝術活動就是一種悖論，一方面標誌出生命的止限，一方面呈現出企圖振拔的努力，限制與自由在此形成一種張力，藝術的創造就在此張力中，煥發著人性理想的永恆光輝，而藝術活動所給出的體驗促成對人性理想的發現，從進入藝術的世界那一刻起，開始敞開自我經歷一次偶遇、一場生命的對話，而看見存在，看見世界，看見「道」。因此，徐先生肯定藝術可以代替宗教，他說：

物化的境界，完全是物我一體的藝術境界。因爲是物化，所以自己生存於一境之中，而儻然與某一物相遇，此一物一境，即是一個宇宙，即是一個永恆；化爲雞，即圓滿俱足於雞；化爲彈，即圓滿俱足於彈。既圓滿俱足了，更從何感到有難填的缺陷，而發生超越當下一境一物之上的神力的要求？更從何處而感到「死生事大」，而要求從輪迴中解脫呢？……人在美地觀照中，是一種滿足，一個完成，一種永恆的存在，這便不僅超越了日常生活中的各種計較、苦惱；同時也即超越了死生。人對宗教的最深刻的要求，在藝術中都得到解決了，這正是與宗教地最高境界的會歸點，因而可以代替宗教之所在。（11d，111～112）

所謂「一物一境，即一個宇宙，即是一個永恆」，意味著審美主體悖離現實的時空，進入藝術的形象世界神遊，藝術世界裡的形象超越了其在現實中的具體實在性和偶然性，而作爲一個獨立自足的生命整體存在著，審美主體敞開自我與此開放的生命整體對話，在對對象的實在性的超越中，其意識的意向直指生命的永恆，而感受到與全宇宙同其呼吸的圓滿俱足。

　　這種超越的宇宙感與宗教的超越性體驗類似，但是藝術的超越是一種「即自的超越」，徐先生加以解釋說：

藝術中的超越，不應當是形而上學的超越，而應當是「即自的超越」。所謂即自的超越，是即每一感覺世界中的事物自身，而看出其超越的意味。落實了說，也就是在事物的自身發現第二的新地事物。……「獨與天地精神往來」的自己的超越精神，並非捨棄萬物，並非捨棄世俗；而依然是「與物爲春」，並含融世俗是非，「以與世俗處」。這一方面是說明道家所自覺的人性，以其自我的完成，必須是群體的涵攝。另一方面，這也正說明莊子的超越，是從「不譴是非」中超越上去，這是面對世俗的是非而「忘己」「喪我」，於是，在世俗是非之中，即呈現出「天地精神」而與之往來，是「即自的超越」。而這種「即自的超越」，恰是不折不扣的藝術精神。（11d，104）

藝術是否可以代替宗教，其實是一個頗爲複雜的問題，但是在徐先生來說，此岸世界的人的內在價值和理想才是超越性體驗所要體現的，藝術作爲人證成自己的一種方式，在徐先生的心目中，自是可以代替宗教的。

第二節　審美觀照的過程描述

審美觀照是一個過程，從具體物色的覺知，到神與物遊的契會，到藝術世界的創構，是心與物相遇的過程。此過程包含三個階段：直觀、共感與想像，此三者涉及一般西方美學理論中的「審美知覺」、「審美情感」和「審美想像」等審美主觀感受美、體驗美的心靈能力，但是徐先生所闡釋的藝術精神，是以「心齋」、「物化」的心物涵攝爲其核心，與西方美學理論的內涵不同，以下分三小節說明之。

一、直觀的實現原則 〔註9〕

徐先生對審美直觀的解釋，在於描述其把握事物內在本質的過程，首先，他強調的是主體在審美直觀活動中的態度：擺脫了實用的或認知的態度，使知覺活動不向概念或實踐方面延續或轉換，而專念於知覺自身。這種純粹的知覺活動是以孤立化爲其特徵的：

> 所謂觀照，是對物不作分析地了解，而只出之以直觀的活動。此時的態度，與實用地態度與學問（求知）地態度分開，而只是憑知覺發生作用。這是看、聽的感官活動，是屬於感性的。但知覺因其孤立化、集中化，而並非停留在物的表面上，而是洞察到物之內部，直觀其本質，以通向自然之心，因而使自己得到擴大，以解放向無限之境。……在我們的精神生活中，能因此（指惠念於知覺自身）而解除理論地關連與實踐地關連。此時的知覺，由對理論與實踐的疏遠而得到孤立化。孤立化的知覺，可以說是不尋常的特殊狀態；而成其根柢的，乃是美地態度。（11d，73～74）

在心靈對環境的認識活動中，所有經由耳目等感官通路所獲得的感覺與料幾乎都是立即過渡到知覺的，一般的知覺活動總是延續爲概念化的分解認知，或轉換爲實踐的活動，審美知覺則是止於其自身，以所知覺者爲一自我充足的世界，這就是所謂的知覺的孤立化，亦即是人自覺地採取審美態度所形成的純知覺活動。然而，審美態度只是審美觀照的預備階段，並非觀照的本身；正因爲如此，雖然徐先生把「無用」與康德的趣味判斷相提並論，以突出審

〔註9〕此指存有論的實現原則，以別於一般審美直覺論的認識論的呈現原則，關於存有論的實現原則與認識論的呈現原則，請參考牟宗三：《智的直覺與中國哲學》（05a，184）。

美活動的無利害關心與不依待概念，但是徐先生並不像康德以趣味判斷作爲其自律美學的中心。康德根據形式邏輯判斷的質、量、關係和方式四方面分析審美判斷，其結論是（參見 17，17）

1. 審美趣味是一種不憑任何利害計較而單憑快感或不快感來對一個對象或一種形象顯現方式進行判斷的能力。這樣一種快感的對象就是美。
2. 美是不涉及概念而普遍地使人愉快的。
3. 美是一個對象的合目的性的形式，但感覺到這個形式美時，並不憑對於某一目的的表現。
4. 凡是不憑概念而被認爲必然產生快感的對象就是美的。

康德指出了審美的無目的性——既無任何利害的關心，也不依待於任何概念，而在其先驗哲學體系的架構下，〔註 10〕他強調審美判斷作爲一反思性判斷有一合目的性的超越原則，以確定美的先天效用。以「純粹無關心的滿足」詮表審美判斷的特質是中肯的，但是，無目的性的審美判斷實爲一種「無向的靜觀」，〔註 11〕「無向」意味著對實用指向的剝落，對概念系統的超離，而反身內成，自化化他。這種「無向的靜觀」既不依待任何概念，以及由此而顯的普遍性和必然性，也就無須外契於合目的性。在徐復觀先生的美學系統中，「無用」即是一種無須外契於先驗原則的「無向的靜觀」，對實用與認知的「無向」，正所以返回生命自身，復歸於整全存在，而發現每一個人、每一

〔註10〕康德以嚴密的思辨建立其龐大的先驗哲學體系，他視人的心靈能力整體爲一個知情意的三維架構，分別規定理論理性（特指悟性）、判斷力、實踐理性爲知情意三方面的分殊心靈能力，此三者各有其相應的先然原理和適用所在（參見 13，412～412）：

心靈能力整體	分殊心靈能力	先然原理	適用所在
認識能力	悟性	合法則性	自　然
快與不快的感情	判斷力	合目的性	藝　術
意志能力	理性	究極目的	自　由

對於直覺，康德指出「自吾人爲對象所刺激之樣式以接受表象之能力，名之爲感性。對象由感性而給予吾人，且僅此感性使吾人產生直覺；直覺由悟性而被思維，並自悟性而生概念」。（康德《純粹理性批判》，轉引自 08b，44）

〔註11〕此用牟宗三先生語，牟宗三先生認爲康德所說的「反思性判斷」即爲「無向」判斷，「無向」指無任何利害關心，不依待任何概念。利害關心或偏或頗，即有定向，任何一概念亦有一定向，所以審美的反思性判斷即是一種「無向的靜觀」，此「無向的靜觀」本身透顯出「超越的無相原則」（非合目的性原則），即是「審美判斷之自律之爲自己而律」之義（參見 05c，26）。

個物的自用、自成。

　　這個觀點通過與朱光潛先生「直覺形相」說的比較，其特色將更清楚地凸顯出來。《文藝心理學》一書中，朱先生以「直覺形相」來解釋審美經驗，〔註 12〕其所謂的「直覺」是最簡單、最原始的「知」，所知的是一種混沌的形相（form）而不能有什麼意義（meaning），「知覺」指的是由形相而知意義的階段，在知覺的階段，意義不能離開形相，知的對象還是個別的事物，至於「概念」則是超形相而知意義的知，它是經驗的抽繹，知的成熟，科學的基礎。在這樣的基礎上，以「直覺形相」來解釋審美經驗，其實有二個必須商榷的問題：1. 所謂的「形相直覺」是一種審美態度，而這種審美態度不一定帶來美感經驗，例如一個有直覺沒有知覺或概念的小孩看見梅花，未必產生美感經驗，一個大人如果對一堆垃圾採取審美態度，也不會有所謂純粹美感產生；2. 審美經驗並不是只涉及對象的形式，而不涉及對象的內容及意義；也不是只涉及所謂的直覺，而不涉及其他心靈功能。朱先生的解釋，顯然受了康德和克羅齊的片面影響，使得審美經驗變得狹隘而單薄。〔註 13〕相較之下，徐先生雖然強調審美態度，但是與朱光潛先生的直覺形相說有著本質上的差異，徐先生認為直觀的活動固然必須經由感官通路（尤其是視覺和聽覺的感官），但是直觀不像審美心理學中所說的「審美感覺」或「審美知覺」〔註 14〕那樣止於事物形相的覺知，而更要洞察事物的內在本質，通向自

〔註 12〕朱光潛先生說：「無論是藝術或是自然，如果一件事物叫你覺得美，它一定能在你心眼中現出一種具體的境界，或是一幅新鮮的圖畫，而這種境界或圖畫必定在霎時霸佔住你的意識全部，使你聚精會神地觀賞它、領略它，以致於把它以外的一切事務都暫時忘去。這種經驗就是形相的直覺，形相是直覺的對象，屬於物；直覺是心知物的活動，屬於我。在美感經驗中，心所以接物者祇是直覺，物所以呈現於心者祇是形相。心知物的活動除直覺以外，我們前已說過，還有知覺和概念。物可以呈現於心者除形相之外，還有許多與它相關的事項如實質、成因、效用、價值等等。在美感經驗中，心所接物者祇是直覺而不是知覺和概念；物所以呈現於心者是它的形相本身，而不是與它有關係的事項，如實質、成因、效用、價值等等意義。」（04。7）

〔註 13〕劉紹瑾先生認為朱光潛先生的純藝術觀點就是克羅齊直覺主義與莊子藝術精神的會歸（詳見 18。57），筆者對此持相當保留的態度，因為：（1）克羅齊的直覺主義不能對應於中國自然美學中心物相冥的興發模式，而後者正是莊子之所以為自然美學源頭的原因所在；（2）朱光潛先生的直覺形相說切近於克羅齊者多，切近於莊子思想少，其所作的「會歸」似乎並不深入。

〔註 14〕「審美感覺」是整個審美經驗的原發階段，一方面，主體經由感官通路與審美對象直接發生聯繫，把握審美對象的感性狀貌後，產生快感和初級美感；

然之心，向無限超越，這是一種與「心齋」、「坐忘」相通的洞見之明，他說：

> 心齋、坐忘，正是美地觀照得以成立的精神主體。也是藝術得以成
> 立的最後根據。達成心齋、坐忘的歷程，主要通過兩條路。一是消
> 解由生理而來的欲望，使欲望不給心以奴役，於是心便從欲望的要
> 挾中解放出來；這是達到無用之用的釜底抽薪的辦法。……『用』
> 的觀念便無處安放，精神便當下得到自由。……另一條路是與物相
> 接時，不讓心對物作知識活動。……在坐忘的意境中，以『忘知』
> 最為樞要。忘知，是忘掉分解性的，概念性的知識活動；剩下的便
> 是虛而待物的，亦即是徇耳目內通的純知覺活動。這種純知覺活動，
> 即是美地觀照。（11d，72～73）

「徇耳目而內通」是說只順成耳目的感性知覺以內通於心，耳目等感官本來
是自然物，耳目外接於物，如果心神馳騁於內，便是無涯的對待追逐，這種
無涯的對待追逐，便是識心的造作執著。所謂的順成耳目的感性知覺，並不
是順任識心的執著造作，而是將感性知覺繫於心齋的虛靈明覺，順其自然之
明而泯化一切的對待，達到內外冥合，在心齋之心的照顧之中，萬物不以認
知對象的姿態出現，而是以「自在物」的姿態出現，如如相應而形著之、明
澈之，這就是審美直觀的實現原則，所以徐先生說：

> 虛靜之心，自然而然地是明；而這種明，是發自與宇宙萬物相通的
> 本質，所以此明即能洞透到宇宙萬物之本質。（11d，83）

由此而言自然美感的興發，一方面是心涵萬物的意構，一方面是物各自然的實
現，所以在中國層境的自然美學裡，自然固然是一寂照主體之朗現，也是生機
活潑的自然本身，這不是再現（模仿自然），也不是表現，是表現，也是再現。

　　徐了以莊子的「心齋」、「物化」等觀念為解釋的基礎之外，徐復觀先生對
於審美直觀過程的描述，更透過與西方現象學的對照，試探中西美學中審美直
觀論會通的可能。現象學是當代西方哲學的主要思潮之一，在反對西方傳統實
在形上學的立場上，主張事物的本質只能被描述，不能被構築，因此必須將傳
統所謂的「實在」予以還原，使事物作為純粹現象地呈現於我們，成為意向的

另一方面，審美中的其他心靈活動，都要在審美感覺所獲得的感覺與料的基
礎上發展。「審美知覺」有廣、狹二義，廣義指審美認識或審美經驗，狹義指
以感覺為基礎，將諸感覺與料綜合為完整形象的心靈能力。「審美感覺」接近
被動地「感於物」，「審美知覺」則是主動的去感受對象，有選擇地去知覺，
二者雖有層次的差異，但是都止於對事物形相的覺知。

對象，意向性是意識的特徵，意識川流不息地向客體投射，意識通過意向性活動而構成世界。由於現象學以還原的方法，「回到事物本身」，〔註15〕從事揭示純屬意識、純屬經驗的種種意向結構，因此可以給以研究作品意義世界如何可能爲核心的當代美學帶來啓發。此外，現象學所重建的認識方法論，也比傳統西方哲學更接近中國哲學的觀點。事實上，在中西哲學與美學的互相對話、辯證上，現象學已是一個重要的關注點，而首開風氣的正是徐先生。〔註16〕徐先生的論述可簡要歸納如下（詳見 11d，76～79）：

1. 現象學求本質的方法是由歸入括弧、中止判斷的「還原」，探出純粹意識的固有存在。其方法近於莊子的忘知，其純粹意識活動之場，近於莊子的心齋之心。

2. 現象學所探求出的超越意識的基本結構是 Noesis（意識自身的作用）與 Noema（被意識的對象）的相關關係，對象性與意識性在 Noesis 與 Noema 的相關關係中，二者是根源的「一」。這與心齋的虛靜中所呈現的「心與物冥」的主客合一是相近的。

異中求同，同中別異是不同概念系統的比較所必需的工作，對於莊子與現象學的比較，徐先生在結論中指出二者的差異：

> 現象學的歸入括弧，中止判斷，實近於莊子的忘知。不過，在現象學是暫時的；在莊子則成爲一往不返的要求。因爲現象學只是爲知識求根據而暫時忘知；莊子則是爲人生求安頓而一往忘知。……莊子忘知後是純知覺的活動，在現象學的還原中，也是純知覺的活動。但此知覺的活動，乃是以純粹意識爲其活動之場，而此場之本身，即是物我兩忘，主客合一的，這才可以解答知覺何以能洞察物之內部，而直觀其本質，並使其向無限中飛越的問題。莊子更在心齋之心的地方指出虛（靜）的性格，指出由虛而「明」的性格，更指出虛靜是萬物共同的根源的性格，恐怕更能給現象學所要求的以更具體的解答。因爲是虛，所以意識自身的作用和被意識的對象，才能

〔註15〕此爲現象學大師胡塞爾所提出的觀點，後爲杜夫潤所吸收，運用於文學批評的理論中（詳見 20，57～80）。

〔註16〕徐復觀先生對於現象學與莊子的會通別異是比較簡略的，現象學與莊子的比較可以有更多的焦點，如後來的劉若愚、葉維廉等諸位先生的研究成果都開發出更廣更深的比較的面向。關於比較研究的概況可參考劉紹瑾：《莊子與中國美學‧附錄》（18，323～326）。

直來直往的同時呈現。因為是虛，所以才是明，所以才可以言洞見。
（11d，79）

徐先生指出，現象學所描述的意識的意向性活動固然與莊子所強調的「心與物冥」的觀物方式，有類似的特徵，但是在本質上的最大不同是，莊子所說的「心」以虛靜為本性，即體即用，而不只是經由歸入括弧、中止判斷後的剩餘意識。徐先生以現象學的主要概念「還原」和「Noesis 與 Noema 的相關關係」來會通莊子的心齋、物化，儘管言之簡略，但的確抉發出一個值得深入的角度，對後來學者比較研究的啟發之功是值得肯定的。

二、共感的超越原則

無論中西，美學家們皆相當重視審美活動中的情感因素，在西方，從亞里士多德開始，經康德、李普斯等人，都著力揭示情感在審美活動中的作用，到了蘇珊·朗格更以「情感的形式」來定義藝術的本質；在中國，孔子說「興、觀、群、怨」，〈詩大序〉說「發乎情」，〈文賦〉說「詩緣情」，……情、性情、情志等來就在中國傳統美學中佔著重要的地位，對於性與情關係的不同看法，導致了內部審美方式觀點的差異，也造成了中國傳統美學的豐富性。〔註17〕徐先生雖然援用了李普斯等人的移情說來說明審美觀照時的「情以物興，物以情觀」，但是他認為李普斯「所提出的感情移入說的共感，乃當美地觀照時所呈現的片時地共感」，「畢竟不是植根於觀照者的整個人格之上」，而奧德布李特雖然進一步提出「在美地領域中，感情有其價值；而作為感情價值的，乃是期待意識編入的全體性」，但是仍「不若莊子的共感，乃從整個人格所發出的共感」（11d，92）。可見，徐先生的問題意識基本上是從中國傳統美學的視域出發的，對於審美情感的論述，側重於人格向度的豁顯——從主體生命根源之地的人格、性情追問美學情境中的倫理關係與價值抉擇，進而從個性與社會性的涵融統一，以及人與自然的相感相應，揭示美感經驗的人文意義。

徐先生對藝術共感根源於性情的肯定，一方面否定了藝術是純客觀的再現；一方面則區分了純主觀的表現與主客交感的表現之間的差異。針對前者，他指出「詩人所詠歌的，當然有其外在的對象，客觀的對象。但僅把自己對於客觀對象的認識加以敘述，不會成為詩歌的作品」（11g，84），因此徐先生

〔註17〕概括中國傳統美學對於性與情關係的觀點，大體可分為三種類型：（1）主性（2）主以性統情（3）主情（參考03，76）。

認為一個藝術家的職志不在於模仿自然；但是這並不表示他認同徹底主觀的藝術意識，他強調：

> 由正常的人性所發出的精神狀態，自然而然地，會以某種程度，某種意味與方式，把客觀的自然、社會，吸收進來，而與其發生親和、交感的作用。（11c，271）

在此，明顯可見的是徐先生對於性情有其預設及理想——人的性情有著與萬物相融相印的可能，而藝術的理想境界即是這種性情的表現。徐先生對於性情的重視與清初大儒王夫之的觀點十分貼近。王夫之的美學基本上是由心性問題的關切，發展為對詩教傳統的肯定與闡釋，而後形成「情景交融」的詩學體系，〔註18〕其主要的思考進路如下：

1. 在重氣的宇宙觀下，肯定具體的形色世界及客觀的人文世界，進而開展出「尊生而重情、才」的心性論基本觀點。〔註19〕
2. 認為情是人心、人性在實踐過程中的關鍵因素，提出「循情定性」、「以性正情」的觀點，強調感情的激盪本身可以是道德實踐的主要助力。〔註20〕
3. 肯定詩歌是人文世界的重要領域，在「詩達情」和「詩導情」的觀念基礎上，架構導情復性的理論以闡發詩教有蕩濁震暮、浹洽潛移的積極意義。〔註21〕
4. 導情復性的理論最後具結於情與景交相引發的關係，情與景相值相取，神理湊合，而顯為美感意境，具現了生命的理想與意義。〔註22〕

〔註18〕「情景交融」與中國的抒情言志傳統有密切的關係，是中國古典詩歌美學的一個主要的論題，其理論與實踐的完成者應是王夫之。關於「情景交融」的理論探源、理論基礎和理論架構，蔡英俊先生在《比興物色與情景交融》一書中的研究成果頗有參考價值，本文對於王夫之詩學體系的把握，多受其啟發。（詳見19，239～328）。

〔註19〕唐君毅先生曾對此有精切的說明：「船山之尊生而重情才之表現，亦由其重性之客的主現於氣之流行而來，此尤顯而易見。因吾人之生，即一氣之流行之歷程，情原即性理之表現於氣之別名，才即氣能表現性理之別名。」（10a，507）

〔註20〕王夫之《詩廣傳·卷二·齊風·一》：「情者，性之端也。循情而可以定性也。」又《詩廣傳·卷三·小雅·五一》云：「盡其性，行乎情而貞，以性正其情也。」

〔註21〕王夫之在《俟解》一書中，闡明詩教的積極意義云：「聖人以詩教，以蕩滌其濁心、震其暮氣，納之於豪傑，而後期之以聖賢，此救人道於亂世之大權也。」

〔註22〕王夫之《詩廣傳·卷二·幽風·三》：「有識心而推諸物者焉，有不謀之物相值而生其心者焉。知斯二者，可與言情矣。天地之際，新故之跡，榮落之觀，流

徐先生與王夫之一樣，對於情欲予以正面的肯定，並強調藝術有導情復性的功能，他認為：「耳目等官能的情欲，亦必在心的處所呈現，而成為生活一種有決定性的力量。情欲不是罪惡，且為現實人生所必有；所應有……道德之心，亦須由情欲的支持而始發生力量」（11d，29），徐先生指出道德作為一種生命力自身的要求，與情欲有著因依的關係，而能夠支持道德的情欲，不是盲動的情欲，是順性而萌的情（欲），他說：

> 在人性根源之地所發之情，是順性而萌，可以說是與性幾乎是一而非二。……「樂由中出」即是「樂由性出」。性「自本自根」的自然而感，與「感於物」而「動」不同；其感的性格依然是靜的。樂係由性的自然而感的處所流出，才可以說是靜；於是此時由樂所表現的，只是「性之德」。性德是靜，故樂也是靜。人在這種藝術中，只是把生命在陶鎔中向性德上昇，即是向純淨而無綠毫人欲煩擾夾雜的人生境界上昇起。（11d，30）

性靜情動，情若是盲動，只是隨物流轉的欲望追逐；情若是順性而萌，則是生命境界的層層昇進，此性情自然流露而具現為藝術的美感經驗，便具有人文化成的意義——感發意志，使人以自己的力量完成自己的人格。

情感本身表現為好惡哀樂，即含有價值的判價，自作者的胸襟自然流露的性情更透顯著生命的意義和價值的判斷，所以徐先生特別強調一個偉大藝術家的基本條件在於得性情之正，他說：

> 作為一個偉大的詩人的基本條件，首先在不失其赤子之心，不失去自己的人性；這便是得性情之正。能得性情之正，則性情的本身自然會與天下人的性情相感相通，因而自然會「攬一國之心以為己意」；而詩人之心，便是「一國之心」。由「一國之心」所發出的好惡，自然是深藏在天下人心深處的好惡，這即是由性情之正而得好惡之正。（11g，87）

徐先生對於「詩人攬一國之心以為己意」的詮釋，並不是就社會寫實的角度來立說，而是從詩人與天下人性情的感通來闡述。藝術作品以情感的真誠感染人心引發共鳴，更以情感的深刻照明人生本質與究竟；但藝術作品中情感的真誠

止之幾：欣厭之色，形於吾身以外者化也，生於吾身以內者心也；相值而相取，一俯一仰之際，幾與為通，而浡然興矣。」相值相取。是「化」與「心」的悄然神通，二者之間有思理、意象的投合，然後通透為一宇宙生命的大化流行。

與深刻,並非刻意經營的,而是從作者的胸襟中自然流露。徐先生進一步說明從作者胸襟自然流露的情感有性情之真和性情之正的區別,所謂的性情之真,是「個人在某一剎那間,因外部打擊而向內沉潛的人生的真實化。在其真實化的一剎那間,性情之真,也即是性情之正」(11g,89)。性情之真可以當下呈現,但是由於未經過修養之工夫,常是隱現不常的,能夠照明人生本質與究竟的,乃是在修養的昇華中而得其正的感情。徐先生對於性情之正的闡釋,兼攝了儒家與道家的系統,在他看來,得其正的感情是無私的,故能親和萬物,興發人間的有情,以及天地的大情。就宏觀而言,這種看法是中肯的,儒道兩家對於生命的關懷,以及萬物互相涵融的肯定是一致的,雖然其性情觀分別開展出道德人格和自然人格兩種不同的型態,但是對於審美經驗中情感活動的關切,都側重於其超越原則的呈顯:儒家系統以道德心承擔人間有情,是以一國之意、天下之心,皆內化為藝術家自己的心,形諸筆端則為動地歌吟,讓讀者在悲喜與共之餘,得到生命經驗的啟示,振奮意志面對自己的命運與人生;道家系統以虛靜心觀照天地之情,是以觸目所及,莫不是大化流行,生機活潑的存在,入於詩畫,一景一物皆化實為虛,成為召喚讀者心靈的結構,讀者在此召喚結構中體驗生命的返本歸真,清明澄澈。可以這麼說,中國藝術精神的底蘊就在於自我向社會、自然的開放,以及天人合一的生命秩序的貞定,而其完成必須經由得其正的性情與萬物交感相應的活動。

　　徐先生援引西方美學的理論語言,將審美觀照過程中發自人格的審美情感稱為「共感」。〔註23〕「共感」一詞在西方的人文主義傳統中,其概念內涵的演變有以下數端:

1. 在亞里士多德,「共感」(或譯為「共通感」)指的是五種普通的感覺。

2. 維柯在《新科學》一書中,認為共感乃是一種對於合理事物和公共福利的共同感覺。蘇格蘭常識學派也援引這一概念,認為這是人類的一種健全感覺。這種看法意味著對於「共同利益」的關心,而使共感成為公民道德存在的一個要素。

3. 康德在其《判斷力批判》中,排除了共感的道德含義,而以趣味為真

〔註23〕徐先生解釋莊子的「萬物復情」(〈天地〉)說:「莊子之所謂無情,乃是無掉束縛於個人生理欲望之內的感情,以超越上去,顯現出與天地萬物相通的『大情』;此實即藝術精神中的『共感』。」對於儒家的「人間有情」與莊子的「天地之情」,徐先生認為是相通的。(詳見11d,91～91)。

正的共同感覺。共感作為鑑賞判斷的主觀原理，不是構造性的，而是範導性的原理，其有效性只是以範例作為引導的有效性，其功用在於形成一個不確定的規範，以引導有鑑賞力的人依據此規範下判斷。

4. 加達默爾在共感的概念中所強調的是一種歷史的、實踐的智慧，人的道德的、歷史的存在，本身就是被共感所根本規定。（參見 25，31）

無論是健全的常識、趣味的判斷或是實踐的智慧，西方概念圖式中的共感在中國的傳統思想體系中，恐怕是找不到對應的觀念的。徐先生援引康德等人的共感說，事實上並未克服不同概念圖式之間的裂隙，反而是在兩相對照中，更凸顯了中國人格向度的審美情感的特性，正如其結論所言：

> 康德、柯亨與派克以「共感」為美地情感的特性，大概可以得到美學上一般的承認。莊子的共感，是發自虛靜之心，一超直入，恐怕更能得共感之真，保持共感的純粹性。（11d，93）

中國傳統美學的著重人格向度，強調藝術為生命意義與理想價值的具現，並在藝術的意境上開展宇宙大生命的合流與共生，確實透顯著心不陷於物的智慧之光，對於現代藝術的欠缺主體內在生命的湧流，實具有參照的價值。

三、想像的轉化原則

徐先生對於審美觀照的過程描述，以說明審美想像的活動作結，審美想像是審美意象的創造過程，亦即是藝術品之所以為創造物的關鍵所在。對於審美想像的研究，歷來是美學領域中的主要課題之一，尤其是現代美學，隨著現代審美心理學、腦科學以及思維科學的進步，美學家們正試圖運用各種方法揭示審美想像的複雜內涵和活動規律。徐先生對於審美想像的論述，不在於一般心理學、腦科學或思維科學所興趣的，他所關切的是想像的真實性如何證立的問題。首先，徐先生從想像的情感特徵來說明想像的真實性，其論述可以歸納出以下重點（11g，227～234）：

1. 與感情融和在一起的想像才是藝術的想像，否則只是空想。
2. 唯有通想像活動將感情形象化，才能達成抒情的藝術性；而非抒情性的藝術作品之高下，亦由想像所引出的感情程度作衡量。
3. 在觀照中的想像，所含的感情多是淡泊虛和的感情，但依然是與感情連結在一起的想像。
4. 藝術的真實指的是在想像中的感情，及由想像所賦予於感情的力量，

　　感情是人生之眞，所以想像也是眞的。

徐先生認爲藝術乃是生命情志的現示，此乃其人格向度美學的基本觀點，在此基本觀點下，他強調審美想像以感情爲樞紐，想像是感情的形象化，因此想像之眞由感情之眞來保證。這種看法似乎就是中國傳統文學理論裡，強調文學之眞來自作者之眞情實感的觀點，果然如此的話，徐復觀先生的觀點就流於片面了。

　　以作者的眞情實感作爲藝術眞實的判準是可議的。藝術是虛構的（所以想像是藝術品是否爲創造物的關鍵），現實世界的實在性在藝術的美感經驗中被揚棄，藝術的世界與現實的世界之間並不是指涉（reference）或符應（correspondence）的關係，而是象徵的關係，象徵意味著轉化（此物轉化爲彼物，此物原先的存在消滅了，彼物成爲眞正的存在），現實中的事物被轉化爲藝術世界中的事物，事物本身的質並沒有變化，但是經由藝術家的想像構思之後，呈現出某種意義結構、某種新的秩序。藝術的眞不是指它對外在世界的眞，藝術世界中的事物只要作品本身的意義結構，使它得以成立，它就是眞。簡言之，藝術的眞必須由作品本身來判斷。藝術品本身的眞實與藝術家本人的眞實的關係如何？藝術家本人的眞是否保證藝術品本身的眞？作品具現了藝術家的人格，因而使藝術品本身有了嚴肅性——所謂藝術品的嚴肅性是「藝術家的『人格』的具現，以及通過這一『人格』所顯示的眞誠」（08a，58），〔註24〕只有藝術家以眞誠的態度在表現他的生命情志，藝術品才具有嚴肅的意義，而不是任意的遊戲。但是，藝術家的眞誠態度或其本人的眞實並不能作爲藝術眞實的判準，因爲一旦作品完成，便自成一意義系統，自有其生命，與作者本人的意義系統是兩個各自獨立的系統，作品「是作者的化身，它載有作者或喜或憂簽下的、或深或淺的署名，它帶有創作歷程的烙印；它指定它的作者」，「作者不在任何地方，唯有在作品之中」，作品之外的作者與作品的眞實無關了，「作者於其『不在』之時，方爲其『存在』之極」（20，67），在作品裡想像中的作者，才是作者的眞實。徐先生果眞認爲藝術想像的眞實由作者本人的眞實而定嗎？

〔註24〕姚一葦先生討論藝術品與藝術家的關係，和徐先生立場相當接近，他們都肯認藝術品是藝術家生命本身的表現，也都認爲所謂的「人格」，一方面具現人類的基本概念——人性，另一方面又具現自我的概念——人在生活過程中界定自己，人自身的思想、感情、意志，和判斷逐漸成長和演變，而形成個人的人格。如果一定要加以細分，徐復觀先生較注重人性的向度，姚一葦先生較強調個人人格的向度，向度或有差別，但根本的美學關懷應是一致的。

不是的，決定想像之眞的感情，是具現於作品中的感情，而非作者本人的感情。在對於情景關係的討論中，徐先生說明了這點：

> 詩人或由觀照，或由想像，所得之景，乃由詩人之情或意，從景的形上所發現的景中所含的神情、意味。景的神情、意味，由詩人之情、之意而得，但並非即是詩人之情、之意的自身，所以景與詩人之情、之意的關係，乃在若即若離的狀態。（11e，88）

由此可知，徐先生肯認想像的眞實是作品所具現的神情、意味之眞，而非對應於現實中的作者之眞實。

其次，徐先生從「聯想的想像」和「解釋的想像」來說明想像的眞實性。聯想的想像是「依類引申」出來的想像，也就是藝術家賦予原始資料以一定秩序，將之綜合爲一種完整的結構形式，一個可以傳達的形式，徐先生從小說的創作上，作了如此說明：

> 被聯想到的「原始資料」固然是眞實的；被凝縮而集中的爲主題的人物與情節，假定凝縮、集中得成功，則在聯想過程中，必然會滲入進「體認」與「洞察」的工夫和能力，以發現出散於社會上、人生中的某些現象和生活，不僅是可以凝縮、集中的，並且只有加以凝縮、集中後，其本來的特性，其本來的意味，始能較完整地表現出來，始能爲人所感受到。……這是文學家通過創造的心靈，所創造出寫「原始資料」無法表現出來的眞實。科學地眞實是由科學家的發明而見；文學地眞實是由文學家的「發見」而得。而發見的最大工具便是想像。（11g，458）

在此，不僅是觸及創作表現的問題，更重要的是揭示想像之「發見」藝術的眞實的可能：藝術的眞實不是原始資料的眞，而是經由想像的組織、綜合、透視，所「發見」的意味。此外，徐先生對於「解釋的想像」也是著重在意味的表出，所謂解釋是「對於某種情境含有的意味的解釋，哲學家對意味的解釋是通過思辯；文學家則常常是通過描寫，以使某種意味成爲人們容易感受到的具體形相」，「把不易捉摸的意味加以形象化，只有通過想像才有可能。所要表現的意味若是眞實，則爲了解釋這種意味所成立的想像也是眞實的。」（11g，459）意味，即是意義。聯想的想像是由原始資料轉化出意義，並加以結構；解釋的想像則是賦予意義結構以具體形相。徐先生在此凸顯了審美想像的轉化原則，這才是他對於審美想像的洞見所在。

　　審美想像的轉化原則在最高藝術精神的體現過程中，是一個必要的條件。如前文所述，在審美直觀的階段，萬物在虛靜心體的明澈通透中，只是在其自己地具體呈現，那麼想像在直觀結構中有何地位和作用呢？審美直觀中的心物關係並不是靜態的，而是一個靈動的、不斷交涉互通的整體結構，心體虛而待物，任自然一無滯礙地出入，而自然乃以其本眞召喚主體心靈的妙契，主體不僅妙契自然本眞，並將之轉化爲生命的意義結構，因此自然美感的興發，一方面是物各自然的實現，一方面也是心涵萬物的意構。易言之，直觀興發過程，既是審美對象的本質、意味之「發見」，也是「創造」，徐先生作出以下的說明：

> 在觀照時「所與的對象」，是觀照的出發點。美地觀照的成立，則須靠「第二的新地對象」。此新地對象的造出，必須有想像力參加到裡面。第二的新地對象，可以說是新地形象、本質地形象；也可以說是把潛伏在第一對象裡面的價值、意味，通過透視，實際是通過想像，把他逗引出來。……〈知北遊〉有「臭腐復化爲神奇」的說法，這正是莊子的本領，也是一切大藝術家的本領。何以能如此？即是由「明」、由「透視」、由想像，而看出了對象的本質、意味。（11d，95～95）

這是一種化實景（物象）爲虛境（意象）的神思，不是任意的幻想，是「即每一感覺世界中的事物本身，而看出其超越的意味」（11d，104），超越的意味即是事物的第二自然（徐先生或稱之爲「神」），亦即是事物合于天、道、德的本質，與宇宙大生命同體流行的生命節奏。在藝術的想像世界中，知覺對象的具體物色形相的實在性消失，作爲道、德具體化、具象化的有意味的形相構成一象徵的世界，而成爲藝術作品裡永遠的眞實。

第三節　藝術形相的意向分析 [註25]

　　對於形相的堅持是徐先生美學的一貫立場，早在 1959 年發表的〈文心雕

〔註25〕「理解對象時，把它放到意向性之中，換言之，放到意能與意所之對聯關係中去，然後進行描述或分析；這樣的處理，叫做意向分析。」（20，58）「意向分析」是現象學的方法概念，筆者認爲徐先生對於藝術形相的處理方法正是意向分析，因爲他所描述的藝術形相是一意向對象，是藝術家以預在的意向結構所構成的，而具現於作品之中，亦作爲一意向情境向欣賞者開放。

龍的文體論〉一文中，他就引用卡西勒所說的「科學家是事實和法則的發見者，藝術家則是自然之形相的發見者」，而指出「將自然的形相，表現於藝術作品之中，以成為藝術作品的形相，這是美學的基本規定」（11g，2）；到了1961年發表〈現代藝術的歸趨〉，針對現代藝術的批判，也是從形相問題提出質問：「形相是藝術的生命。為什麼他們要加以破壞呢？」（11h，216）所謂「形相」究竟指什麼？在徐先生看來，藝術形相即是自然形相，但不是像達文西所主張的：讓繪畫「就像是在大鏡子裡看到的自然界的情景」（23，214），藝術並不因為摹仿自然形相的精確而取得它的地位，它之擁有冠冕來自它呈現了活的形相之美，徐復觀先生說明這種活的形相之美：

> 不是靠幾何的線條表現出來，而是靠通過形相，但又不止於形相；通過感官，但又超過感官的「神味」表現出來，……對於此種美的領受，不僅是靠「感覺」，而是靠「感觸」；不僅是「認取」，而是要領會。（11g，24）

由以上的說明可知，徐先生所說的形相是外形式與內形式〔註26〕的統一，內形式指由內在的觀照所顯示的一種精神、一種心靈的火花、一種內在的生命，外形式則指構成美的外部形式或結構，如對稱、均衡、鮮明等等形式因素等，這些藝術的規律性是美的條件，但不是美的本身，所以徐先生指出語言、聲律、結構都是構成文學之藝術形相的重要因素，但只是外緣，這些因素背後必須有內在情性的活躍，使形相得以昇華出神味，能昇華出味的形相，就是藝術形相。（11g，57～59）

藝術形相雖然以自然萬物為直觀底相，但是此直觀底相的描寫即是活躍生命的傳達，所以藝術形相的顯現是創造而不是摹仿，徐先生說：

> 藝術的形相，雖由自然而來，實際含有藝術家的感情、個性在裡面，因此，它是主觀與客觀合一的結晶。所以藝術品的每一形相，並不是模仿而是創造。……宇宙間的形相是無限的；所以藝術的創造也是無窮的。創造是要用新的心靈、感覺，來發現新的形相。（11h，216）

在他看來，緣於人與自然的親和關係，在心物兩相照面的直觀共感下，所發現的形相才是有意義的形相，所以藝術家要創造（發現）的形相必然是自然形相，無限創造的源頭在於形相無限的宇宙；這樣的觀點與現代抽象藝術家

〔註26〕關於外形式與內形式的區別，參見葉朗：《現代美學體系》，第九章第三節對於「有生命力的形式」的討論（15，546～551）。

們的立場是對立的，後者將變形視爲創造的無限源頭（參見 21，57），主張以扭曲自然形相，或以幾何的抽象符號，來創現一個與自然世界分庭抗禮的內在世界，而徐先生對於抽象藝術並不以爲然，認爲形的扭曲只是發現新形相的過程，本身沒有意義。然而，形的扭曲果眞沒有意義嗎？對於主觀抽象藝術家而言，〔註 27〕形是其內涵的外現，可以引起人的心靈感受，形的變化，會改變其內在機能，引起心靈的不同感受；具象的形式給了人太多「必須」，而藝術要自由，要逃離「必須」，形的選擇由心靈的內在需要來決定，心靈使形不斷變化，愈自由的心靈選擇愈抽象的形，構成一個純粹由感覺當法官的藝術世界，它不依賴形似而能表達心靈的律動，表達精神的迴響。

其實抽象藝術與中國的繪畫、書法藝術是可能融通的，書法藝術的最高標準是「同自然之妙有」：

> 觀夫懸針垂露之異，奔雷墜石之奇，鴻飛獸駭之姿，鸞舞蛇驚之態，
> 絕岸頹峰之勢，臨危據槁之形；或重若崩雲，若輕如蟬翼；導之則
> 泉注，頓之則山安；纖纖乎似初月之出天崖，落落乎猶眾星之列河
> 漢，同自然之妙有，非力運之能成。（01，16）

在這段文字中，各種自然物的比喻，並不是說明書法的形相要和彼等自然物相似，而是說明書法的形相應表現出自然物的本眞和生命。中國書法表現爲高度提煉的形式，它不構成象徵，本身就是自足的「文本」，點劃俯仰，對應的是「自然（造化）」的韻律和結構，並眞率地表現出藝術家的個性、情操、意趣和情感的起伏。將中國書法藝術與抽象藝術加以參照，可以發現二者同樣強調抽象美，重視內的需要，而且傾向於音樂化——感覺節奏化。不過，抽象藝術雖具精神性，但由於訴諸純粹的感受，沒有豐富的意蘊，所以在意境上不若書法的「同自然之妙有」。然而，在徐復觀先生的美學體系中，對中國書法藝術的理解有限，他對書法的批評，幾乎是我們對抽象藝術缺乏豐富意蘊的觀點，他說：

〔註27〕主觀抽象又稱爲熱抽象，是抽象表現主體所發展的抽象，其原則是忠實於內在感受與情緒需要，以決定形的抽象表現，康丁斯基的畫作爲其派代表；另外一種抽象形式主義所發展的是客觀抽象，又稱爲冷抽象，其原則是忠實於外在形式規律與結構力學的需要，蒙德里安即爲此派的代表。筆者認爲徐先生對抽象藝術與其他現代藝術流派，尤其是超現實與達達主義的不加區別，是一個失誤。抽象藝術與中國藝術並非處於完全對立的狀態，二者不無融通的可能。尤其是主觀抽象派與中國傳統繪畫、書法藝術進行對話與溝通的可能頗大，因此在本文中舉出主觀抽象藝術的基本觀點，進行問題的討論。

> 僅從筆墨上說，它在技巧的精約凝斂的性格，及由這種性格而來的
> 趣味，可能高於繪畫。但從精神可以活動的範圍上來說，則恐怕反
> 而不及繪畫。即是，筆墨的技巧，書法大於繪畫；而精神的境界，
> 則繪畫大於書法。所以有關書法的理論，幾乎都是出於比擬性的描
> 述。（11d，自序，6）

其實，中國書法所能成就的最高意境與水墨山水畫並無二致，不同的是中國繪
畫始終未發展出徹底的抽象，所有「皴法」都只是「詞彙」意義上的抽象，在
「句法」（局部構成）與「文法」（大構成）上，仍然符合自然的基本結構。但
這並不意味著不能將現代抽象藝術與傳統繪畫結合成一種新的面目：保留住傳
統藝術精神中對自然的尊重、結構上絕對平衡感的要求紀律，以及情感上的適
當控制等，而在形式上，「『自然』退到第二線，隨著絕對的形與色、線以平行
的思考呈現」（11，197），自然不再是在一個平面上，不是一眼望去的自然外表；
終止對自然具象的依隨，而回到原初第一眼感到震懾的真實。〔註28〕

　　如果抽象藝術與中國傳統藝術的距離不像徐先生所說的那麼大，那為什
麼在徐先生的觀點裡，二者形同對決關係呢？問題的核心其實不在具象與抽
象之辨，而是認為二者所表現的應世觀物的態度恰成對比，人與自然的關係，
人的世界感才是其觀點的焦點。徐先生有限度地接受沃林格在《抽象與移情》
所提出的「藝術意志」的觀念，並在此觀念基礎上討論審美觀照的主客關係。
〔註29〕沃林格認為藝術風格的轉變，不在表現技巧，而是藝術意志的改變，
藝術意志來自人面對世界所形成的應世觀物的心理態度（亦即是世界感），而
抽象與移情意味著源於不同藝術意志的形式需要，沃林格指出：

> 移情衝動是以人與外在世界的種圓滿的、具有泛神論色彩的密切關
> 聯為條件的，而抽象衝動則是人由外在世界引起的內心不安的產
> 物。（24，47）

在徐先生看來，審美觀照中的主客關係決定了藝術的形式要求，而抽象藝術
正是人與世界和諧關係破裂的表徵，站在人文關懷的角度，他一再強調的是

〔註28〕參見莊喆先生接受葉維廉先生訪談的記錄：〈恍惚見形象，縱橫是天機〉（16，
　　　　197）。筆者覺得莊喆先生的觀點是一個極大的可能：維持中國傳統藝術精神
　　　　中對自然的尊重，而把藝術之道和自然之道由合一的關係轉化為平行的關係。
〔註29〕林朝成先生於〈自然形相與性情〉一文指出「徐復觀先生經由日本學者的翻
　　　　譯引介，接受了奧林格『藝術意志』的概念，並形成其闡釋美感經驗中主客
　　　　關係的支援意識。」（07，235）

藝術家須與社會、自然共感，然後才有感人作品，人與世界的和諧關係在他看來是審美觀照的起點，也是終點，藝術只有在這種審美體驗中，才有永恆性可言，他作出以下論斷：

> 由正常的人性所發出的精神狀態，自然而然地，會以某種程度，某種意味與方式，把客觀的自然、社會，吸收進來，而與其發生親和、交感的作用。所以有永恆性的藝術，都是成立于主觀與客觀相互之間的關係；由向主觀與客觀兩極的距差不同，便產生各種不同的流派與作品；這是出於正常地人性之自然，也正是藝術的永恆性得以成立的根據之所在。而其對科學的抽象而言，它的具象的表現形式，也是正常地美地觀照所自然而然地所要求的形式。（11c，271）

這是一種涵有人文理想的觀點，對於沃林格「藝術意志」概念的轉化亦顯而易見：在沃林格，植根於移情衝動的審美體驗作為一種客觀性的自我欣賞，自我並非是一虛靜而明的心靈，客觀對象本身的生機也被潛在壓抑著；在徐先生，藝術永恆性得以成的根據，乃在於一個既是心物涵融，又是物各自然的意向性結構，那便是有生命力的具體形相。

　　總而言之，儘管徐先生並未理解到抽象藝術精神向度的可能性，但是對於具象的藝術形式的確賦予了深刻的人文意涵，透顯了開放的人文主義精神——依強調人的主體性，但是亦肯定客觀世界是一無限寬闊的宇宙圖像，人以開放的心靈參融到世界的整體情境，生命才能充實，而客觀世界亦充盈著飽滿的意義，在此動態的和諧中，藝術家創造了充滿生命活力的形相世界。不過，藝術創造的完成注定是一個死亡與繼承的過程，藝術形相一一呈現，藝術家便功成身退，藝術品自成一個意義世界，通過形相說話，直到欣賞者敞開自我去聆聽、去感受、去體驗時，藝術品才真正完成它的存在。欣賞者是藝術家的繼承者，事實上，藝術作為一可傳達的意義結構，是為了欣賞者而存在的。徐先生美學的人文關懷，不僅是從藝術家的角度出發，同時也是站在欣賞者的角度，提醒藝術家真誠從事創作，提供一可游可息可安頓精神的所在，讓欣賞者可以與作品以及作品中的作者對話，那就是藝術的形相世界。在徐先生的論述裡，欣賞的目的在於通過藝術形相純化深化欣賞者的心，他說：

> 作者之文，是情動而辭發，所以辭是作者之情的形相。讀者披作者之文，可以接觸到作者之情。……文學鑑賞的目的，便在於見作者之心，以純化深化讀者之心的。（11g，72）

　　徐先生所謂「純化」、「深化」的觀念是與人格的陶成相關連的。徐先生肯定情欲是人生所應有的，它在心的處所呈現，具有決定生活的力量；不過，「性靜情動」，情欲可以是人生命的盲目躍動，也可以是清明澄澈的性情之正，關鍵在於情欲是否順性而萌，順著虛靜本性而萌的情，「欲」的盲動消失了，即為清澈沉靜的性之德，此性之德有二種型態，一是自然人格型態的虛寂主體，一是道德人格型態的仁心本體。藝術的功能就在導情復性，就自然人格型態而言，藝術形相的深化、純化功能由山水畫的淡遠世界來實現，徐先生認為藝術是反映時代、社會的。但是藝術的反映有二種，一是順承性的反映，一是反省性的反映，順承性的反映會發生推動、助成的作用，而反省性的反映則提供一個在現實世界之上的精神世界，讓人安頓身心，得到精神的解放。（11d，自序，8）徐復觀先生強調中國繪畫美學中的「氣韻」問題，乃是作者人格人品的問題，山水之神是由心齋之心，亦即是淨化後的心所證入的，欣賞者由氣韻生動的山水形相之啟發，亦能滌清塵濁，使人格極純淨之姿。就道德人格型態而言，所謂純化、深化，也就是「興」與「觀」的作用，徐先生解釋說：

> 「可以興」，朱元晦釋為「感發意志」，這是對的。不過此處之所謂意志，不僅是一般之所謂感情，而係作者純淨真摯的感情，感染給讀者，使讀者一方面從精神的麻痺中甦醒；……此時的感情不僅是甦醒，而且也隨甦醒而得到澄汰，自然把許多雜亂的東西，由作者的作品所發出的感染之方，把它澄汰下去。這樣一來，讀者的感情自然鼓蕩著道德，而與之合而為一。（11d，34）

「觀」，「是「觀風俗之盛衰」（鄭康成）、「考見得失」（朱元晦），也就是「照明」的作用。徐先生引用卡西勒所說的「藝術優越性的尺度，不是傳染的程度，而是強化及照明的程度。」進而指出「所謂強化，是指由藝術作品所覺醒的感情意識的集中而言，這正近於孔子所說的『興』；而『照明』則正是孔子所說的『觀』了。觀是由作品而照明了人生的本質與究竟」（11d，34～35）。經由詩人純粹感情的感發，讀者的感情向下沉潛，成了支持道德的力量，情感與道德的結合，生命不僅有了方向，而且層層昇進超越，顯現其強度與深度，此即「情深而文明，氣盛而化神」，就是藝術的純化、強化的作用。

　　無論藝術所復的性德是仁心本體或虛寂主體，欣賞者要達到純化、深化心靈的目的，必須同步修養，在自己的人生中有所體驗和提昇，才能真正讀

懂偉大的藝術作品，偉大的作品之所以難懂，是「由人生境界的懸隔而來的不易懂，實包含了透澈骨髓臟腑的不隔，而不止是普遍說的不隔」(11g，139)。因此，徐先生一再地強調藝術鑑賞的「追體驗」乃是一開展精神界域的工夫，就在現世，在具體的形相世界中，開闢無限的、涵融天地的精神界域，體驗詩心與天心，使生命充實而美。由此而言，藝術活動的終極理想乃是人格美的呈顯。重視人格的陶養、精神界域的開闢，徐先生的美學深具文化理想的色彩，從這個角度來理解他之所以忽略現代藝術美學中「淨化」的重要概念，可以知道除了未曾把握住現代藝術的理論深度之外，最主要的是他始終抱持理想信念：肯定人與自然的親和關係，以及客觀世界的合理存在。從這個角度來看，釐清徐先生對現代藝術的誤解，或為抽象藝術恢復名聲，恐怕都不是迫切的問題，最重要的問題是如何實踐徐先生一再提醒的文化理想，而能為傳統藝術再添活力，為現代藝術注入生命吧。

綜合以上的分析，可以歸結出徐先生審美理論的主要論點：

一、對於藝術精神的價值詮釋，徐先生所開展的面向主要有三：1.藝術精神價值的根源為何；2.藝術精神價值有何可能；3.藝術精神價值與其他精神活動，如宗教、道德有何同異；徐先生所謂「根源」，不是發生學意義的起源或起點，而是為藝術活動作終極定位的依據，那就是能夠發用價值意識、決定倫理抉擇的「心」。在徐先生的美學系統中，美感經驗乃是虛靜心體對外在物象的自然感應與興發，而人的自由與生命的復歸、完成是藝術精神價值的最大的可能，後者尤其是徐先生以藝術精神會通道德精神與宗教精神的主要論據。徐先生對於藝術精神的價值詮釋，基本上是企圖在藝術的論域中，論證美感經驗所開顯的人格精神境界的最大可能。這個企圖的實踐具有雙層的意義；一方面對美感經驗的深層結構及其可能的價值予以揭示（此揭示不必是一種絕對的規範），一方面將藝術活動的置入存有論的脈絡來理解，這同時是人類文化活動中的精神價值與世界觀的反思。

二、徐先生對直觀、共感、想像的描述與一般的美學理論有著根本上的差異：

1. 他對「審美知覺」的描述不止於感性覺知的層面，而是深入直觀結構，探究虛靜心如何經由「心齋」、「物化」的工夫，達到第二自然的實現；換言之，莊子的「心齋」、「物化」等概念在徐先生的引申闡發中，乃是指涉著審美主體的世界觀（意含宇宙觀與人生觀）之養成，以及由此世界觀所主導的

審美直觀結構，而爲審美直觀的實現原則。

2. 在上述直觀結構所實現的第二自然中，人與萬物涵融爲一整全存在，全世界都在主體精神的界域之中，而成一有情天地，徐先生稱這種神與物遊、心物相感相應的情境爲「共感」，這種共感相對於一般的審美情感而顯其超越原則。徐先生對審美情感的論述，乃是建立在其性情觀的基礎上，也就是說，有著萬物皆有情性，而且可以互涉感通的先在預設，因此雖然他在西方美學理論語言的支援下，以「共感」一詞表詮審美情感的超越原則，卻賦予「共感」一詞以中國美學特色的解釋，這個解釋基本上並未克服不同概念系統之間轉譯的不定性，但是在中西美學的比較上，的確抉發了一個值得再深入的切口。

3. 在上述直觀與共感的基礎上，徐先生強調由情感逼出的想像才是「眞實」的想像，所謂「眞實」並不是客觀的寫實或再現，而是第二自然的眞實，第二自然是由第一自然轉化而來的，想像乃因爲這種轉化原則而完成其創造。從這個角度討論審美的想像活動，雖然不同於一般審美想像論重在想像的各種機制或功能的探討，卻更精切地表達了對藝術想像創造性的洞見。

三、就徐先生審美理論內部的理路發展來看，若將其整個審美觀照的理論架構視爲一不斷續流的大河，則居於下游的藝術形相的問題，正是上游關於藝術精神的價值詮釋，中游關於審美觀照的過程描述之匯流：藝術形相涵著藝術家預在的意向性結構所構成的審美經驗，以及對生命意義和價值的詮釋，而爲一超越時空的存在，此存在與欣賞者的心靈相遇時，開放爲一意向情境，等待欣賞者的融入其整體，對其中啓示性的經驗再感知、再體驗、再解釋。正因爲將藝術形相置入這樣的意向性關係中，徐先生對具象與抽象問題的關切與發言，實無意於現代藝術流派的爭鋒，也非一意爲中國傳統藝術風格辯護，而是從人文關懷的角度出發，反省藝術形相所關連的世界觀、自然觀及價值意識，試圖提出一涵有人文理想的美學觀點。此中眞正的問題已不在藝術形相的具象與抽象之辨，而在於人究竟要採取什麼態度面對世界、自然、社會，乃至自己的存在。一種永恆性的藝術理論是不可能的〔註 30〕，

〔註30〕 大多數的美學家在建構理論時，都預在地相信、期待自己的理論概括或抉發了關於藝術的永恆性眞理。其實從藝術的發展來看，任何一種藝術流派都有其特定的時空情境爲背景，一種「永恆性」的指導理論是不可能的，但是提出對藝術的「永恆性」的思考，卻是一種深刻的人文關懷，並且是藝術發展出現轉機的關鍵。

對人的關懷則決定了藝術的永恆性，由此而言，徐先生對藝術形相的討論所
透顯的人文關懷，是深具意義的。

本章引用文獻編碼

01. 唐・孫過庭：《書譜》（朱建新箋證），台北：河洛，1975 年。

02a. 清・王夫之：《詩廣傳》，台北：河洛點校本，1974 年。

02b. 戴鴻森點校：《薑齋詩話箋注》，台北：木鐸，1985 年。

03. 成復旺：《神與物遊》，北京：中國人民大學，1989 年。

04. 朱光潛：《文藝心理學》，台北：開明，1984 年重十五版。

05a. 牟宗三：《智的直覺與中國哲學》，台北：商務，1987 年四版。

05b. 牟宗三：《歷史哲學》，台北：學生，1988 年台七版。

05c. 牟宗三：〈以合目的性之原則為審美判斷力之超越原則之疑竇與商榷
（下）〉，《鵝湖》第十七卷第一二期，1992 年 6 月。

06. 林安梧：〈邁向儒家型社會批判學之建立〉，《徐復觀學術思想國際研討會
論文集》，東海大學編印，1992 年。

07. 林朝成：〈自然形相與性情——通過現代畫論戰重看徐復觀的美學思
想〉，《炎黃藝術》第四十八期，1993 年 8 月。

08a. 姚一葦：《藝術的奧祕》，台北：開明，1988 年一一版。

08b. 姚一葦：《審美三論》，台北：開明，1992 年。

09. 何慶明：〈文學美綜論〉，收於李正治主編《政府遷台以來文學研究理論
及方法之探索》，台北：學生，1988 年。

10a. 唐君毅：《中國哲學原論：原性篇》，台北：學生，1989 年全集校訂本。

10b. 唐君毅：《文化意識與道德理性》，台北：學生，1991 年校訂版。

11a. 徐復觀：《中國思想史論集》，台北：學生，1959 年。

11b. 徐復觀：《兩漢思想史卷二》，台北：學生，1976 年。

11c. 徐復觀：《徐復觀文錄選粹》，台北：學生，1980 年。

11d. 徐復觀：《中國藝術精神》，台北：學生，1984 年八版。

11e. 徐復觀：《中國文學論集續篇》，台北：學生，1984 年再版。

11f. 徐復觀：《中國人性論史・先秦篇》，台北：商務，1984 年七版。

11g. 徐復觀：《中國文學論集》，台北：學生，1990 年五版。

11h. 徐復觀：《徐復觀文存》，台北：學生，1991 年。

12. 高友工：〈文學研究的美學問題〉，收於李正治主編《政府遷台以來文學研究理論及方法之探索》，台北：學生，1988 年。

13. 傅偉勳：《西洋哲學史》，台北：三民，1984 年七版。

14. 黃克劍：〈心靈真切處的憂患——徐先生文化思想論要〉，《哲學與文化》第二十卷第二期，1993 年 2 月。

15. 葉朗：《現代美學體系》，台北：書林，1993 年。

16. 葉維廉：《與當代藝術家的對話》，台北：東大，1987 年。

17. 熊自健：〈朱光潛與康德美學的對話〉，《鵝湖》第一六卷第十期，1991 年 4 月 16 日。

18. 劉紹瑾：《莊子與中國美學》，廣州：廣東高等教育，1989 年。

19. 蔡英俊：《比興物色與情景交融》，台北：大安，1986 年。

20. 杜夫潤：〈文學批評與現象學〉，收於鄭樹森主編：《現象學與文學批評》，台北：東大，1984 年。

21. 康丁斯基，吳瑪悧譯：《藝術的精神性》，台北：藝術家，1985 年。

22. 康德，宗白華・韋卓民譯：《判斷力批判・上卷》，台北：滄浪，1986 年。

23. 凱・埃・吉爾伯特等著，夏乾丰譯：《美學史・上卷》，上海譯文，1989 年。

24. 沃林格，魏雅婷譯：《抽象與移情》，台北：亞太，1992 年。

25. 加達默爾，洪漢鼎譯：《真理與方法》，台北：時報，1993 年。

26. 席勒：《美育書簡》，台北：丹青，出版年份不詳。

27. 托爾斯泰，耿濟之譯：《藝術論》，台北：金楓，出版年份不詳。

28. 王爾德：《格雷的畫像》，台北，晨鐘，出版年份不詳。

第四章　徐復觀對文體觀念的復活

　　徐復觀先生對於中國文學的研究，由兩方面的因素所促成：一方面是由自身的性情發展而來的，徐先生天賦的感性極強，對於中國文學中的有情世界感動特別深，〔註1〕這個善感的心靈對於中國詩詞的濃厚興趣，即使在青壯年時期摒棄宋明理學和桐城派古文的階段，仍不曾稍改（18f，自序，1）。〔註2〕濃厚的興趣，加上後來深入堂奧的研究，使他對中國古典文學有著相當的理解；另一方面，徐先生對中國古典文學的研究，緣起於職業的關係，為了開授文心雕龍的課，而投注精力窮搜力討，發展出以文體觀念為首的一系列研究，自1959發表〈文心雕龍的文體論〉起，到去世為止，陸續發表了三十多篇專論。

　　雖然緣起偶然，但是徐先生所投注的功夫極深，例如為了教《文心雕龍》，看了三千多頁的西方文學理論的書。通過中西的對照，以形構其問題意識，

〔註1〕例如徐先生在〈春蠶篇〉中，曾如此描述自己對李義山詩句的深刻感受：「春蠶在我的生命中另一個永遠不能抹掉的痕跡，是由李義山『春蠶到死絲方盡』的一句詩刻上的。這是十幾歲似懂非懂的時候所喜愛的一句詩，現當遲暮之年，依然常在無端的悵惘中，無端的想起；而一想起之後，總是不知從什麼地方吹來一襲悽惻的微風，使我的心情得到一兩小時的寂靜。」（18b，384）徐先生雖然因為歷史文化的使命感，把精神付與思想史的研究和撰述，但是他始終不能忘情於中國文學與藝術，而感慨既深，遂以心血神氣付諸論述，表現出強烈的介入情懷。

〔註2〕徐先生早年受教於湖北王季薌、劉鳳章等諸位先生，於國學及古文，浸淫頗深，亦得黃季剛先生的賞識。但因為受到革命浪潮的衝激，自民國15年至34、35年間，徐先生完全摒棄線裝書，尤其摒棄了宋明理學和桐城派的古文。直到認識熊十力先生，被他「起死回生」的一罵之後，才自覺對中國文化的鹵莽愚妄，重新進入宋明儒學的人格主義思想之中，並重新了解所謂桐城派古文在中國文學史的重要地位。

一方面破翳解蔽，一方面融會中西，這正是徐先生從事中國傳統文學研究的
深意所在，他強調：

> 中國文學史學，在什麼地方站得住腳，在什麼地方有問題，是要在
> 大的較量之下才能開口的。（18a，316）

徐先生的研究工作既然以問題為前導，以破翳解蔽、融會中西為目的，因此
對古典的詮釋，乃以揀擇取代抱殘守缺的因襲，以比較抉發創造轉化的切口，
所以其發言常能截斷眾流、抉潛鉤沉，雖然總是引發了許多的爭議，但確實
為固有的研究領域注入新血，具有一定的啟發與貢獻。

　　在徐先生諸多論著中，對於中國文學的美學思考，主要在於闡發主體情
性在文學創造和鑑賞中的樞紐地位，其代表性的著作為〈文心雕龍的文體
論〉。〔註 3〕在這篇文章中，徐先生對日人青木正兒、鈴木虎雄，以及中國當
代學者范文瀾、劉大杰、郭紹虞等人將《文心雕龍》的上篇認作是文體論，
下篇稱為創作論或修辭論的詮釋系統提出異議，（18f，5～7）徐先生重新釐清
文體觀念，嚴別文體與文類的區別，並指出《文心雕龍》全書為一文體論，
上篇是歷史性的文體研究，下篇是普遍性的文體研究（18f，4～5），此一獨排
眾議的看法引起了不少爭議，批評的意見褒貶互見。〔註 4〕在這些的意見中，

〔註 3〕在〈文心雕龍的文體論〉一文發表之後，徐先生陸續寫了八篇有關《文心雕
龍》的論文：
（1）〈中國文學中的氣的問題——《文心雕龍・風骨篇》疏補〉
（2）〈自然與文學的根源問題〉
（3）〈原道篇通釋〉
（4）〈能否解開《文心雕龍》的死結〉
（5）〈文體的構成與實現〉
（6）〈知音篇釋略〉
（7）〈文之樞紐〉
（8）〈文之綱領〉（以上八篇文章皆收入《中國文學論集》）
這八篇論文基本上還是圍繞著「文體論」而加以闡發的。此外，〈王夢鷗先生
「劉勰論文的觀點試測」一文的商討〉（18d，165～184）也是以「文體論」
的問題為論述的核心。筆者在本章中的討論，原則上以〈文心雕龍的文體論〉
一文為主，並參考這九篇的相關論述。
〔註 4〕〈文心雕龍的文體論〉一出，即在《文心雕龍》的研究領域中，引起眾人
的爭議，有的學者接受其觀點，如李曰剛先生認為：「徐復觀教授云：『《文
心雕龍》一書，實際便是一部文體論，並無牽強附會之處。』其說有本。
蓋《文心雕龍》之論文原、文類、文術、文衡四者體用一貫，義脈相連，
陽秋文學，勢非涉及作品之藝術形相不可，故文體之檢討，遍及全書，讀
者角度不同，觀感各異，所謂仁智互見是也。《太平御覽》卷六一〇載《齊・

可以看到許多對《文心雕龍》以及六朝文學觀念的不同詮釋觀點相繼出現，隨著這些不同的觀點，徐先生論著所受的待遇，從「異端」到「正宗」，再從「正宗」到須爲《文心雕龍》文體觀念的混淆負責任（31b，105～107），可以說有著天壤之別。之所以造成這種爭訟不已的現象，一方面固然因爲要完全掌握《文心雕龍》本身的性質與理論體系，實不容易，一方面也是因爲徐先生實在別具隻眼，對於《文心雕龍》持有特定的判斷角度，同時以其縱橫博辯展現宏識洞見，要對其論點作一客觀中肯的檢討，也非易事。其實像徐先生這樣一位「讀者」，在與《文心雕龍》的「對話」中，他「如何理解與解釋」《文心雕龍》？通過理解與解釋，又表達了什麼樣的文學關懷與美學觀念呢？假如我們承認古典的現代詮釋，除了修復古典之外，還有揀擇與轉化的可能，那麼這些問題便需要更多的反思。這些問題乃是本章所關注的重點，在以下三節中，首先要對徐先生著論的歷史情境作一掃描，以追索徐先生在詮釋古典時所涵的當代關懷，進而探討徐先生所帶入的主觀態度與價值取向，對其理解與詮釋所發生的導向作用，然後通過古今觀念系統的對證，衡

春秋》謂：『彥和撰《文心雕龍》五十篇，論古今文體。』晁公武《郡齋讀書志》稱：『《文心雕龍》評自古文章得失，別其體製，凡五十篇。』是知古人早有視其全書爲文體論者矣。」（15，187）有的學者全盤否定，如虞君質所提出的批評與責難（虞先生的文章先後發表於《新生報》（1961.12.20）以及《作品》三卷一期，又，徐先生針對其重點所提出的答覆，原發表於《民主評論》一三卷四期（1962.2.16），後收入《論戰與譯述》（18c，113～130））。另外，王更生先生則在讚其「能見其遠，能見其大」之餘，指出徐先生犯了「以今臆古」和「好奇反經」的毛病（12，301）。後來從《文心雕龍》全書的理論系統重新出發，全面反省徐先生論點的是龔鵬程先生和顏崑陽先生。龔先生對徐先生論點的批判相當激烈，他認爲「自徐復觀以降，將文體與文類分開，說桓範《世要論》、摯虞〈文章流別〉、李充〈翰林論〉、蕭統《文選》跟所謂劉勰的〈體性論〉分屬兩種觀念；說文體出於情性，文體即是人；說文體之典雅輕靡等等是由人物品鑒來的……，均已成爲討論六朝文論的基本常識，大家也照這種意見發表了許多『研究』。其實呢？文字理解錯了、觀念理解錯了、對《文心雕龍》全書的理論結構和體系也都了解錯了、對文朝文論的整體掌握更是觸處多謬，這樣的研究還不改弦更張嗎？」（31b，119）在龔先生的論述中，六朝所謂的文體本來就是「指語言文字的形式結構，是客觀存在，不與作者個人因素相關係之語言樣式」（31b，108），這個貫穿其文的觀點受到顏崑陽先生的質疑，顏先生以《文心雕龍》文體觀念的「完全理解」爲出發點，辨析徐、龔二位先生兩極對立理論的得失，指出「整個劉勰的文體觀念，便是在此一時間的辯證發展與空間的辯證融合下，形成一立體性的架構。徐、龔二氏皆只見其一面，得其一端，因此形成概念的對抗。」（29，123）

定徐先生的洞見與不見，及其所傳達的美學觀念。

第一節　文體觀念復活的意義

　　「文學的特性是什麼」，這是徐先生〈文心雕龍的文體論〉一文論述的起
點。這個問題本身究竟在問什麼並非是自明的，「特性」可以指某物之所以如
此的本質規定，也可以指某物具體的物性狀態，就後者而言，文學作品的物
性存在即是語言文字，就前者而言，則文學作為一開放性的經驗概念，而非
封閉性的邏輯概念，根本無法構築出一個放諸四海皆準的概念圖式，古今中
外各種文學定義的眾說紛紜，早已證實這個問題本身的複雜性格。既然如此，
那麼此一提問豈非多餘？其實不然，因為文學定義的重新界定，往往出於文
學研究者「對於文學創作活動的本質，文學的社會功能、文學欣賞活動及其
群眾基礎……等問題，產生焦灼的疑慮和省思時，追究『何謂文學』，便成為
當務之急；借著重新界定文學的定義與功能的機會，發展出有關文學的策略。
形成新的文學觀念、思潮、或運動，產生新的文學史觀與文學作品」。（31a，
28）筆者在第二章已指出，像徐先生這樣一位詮釋者，對傳統文化的重新解
釋，乃是將古典置入現時的存在，展開古今對語，而其所抉發的古典意蘊往
往就是為現時困境所提供的出路。基於如此的考量，我們必須追問徐先生以
「文體」觀念重新界定文學本質的目的何在呢？在〈文心雕龍的文體論〉一
文的起首，徐先生說明其寫作的宗旨在於：

> 文學的特性，須通過文體的觀念始易表達出來。所以文體論乃文學
> 批評鑑賞之中心課題，亦系《文心雕龍》之中心課題。……本文即
> 針對此點（按：指文體與文類觀念的混亂）與以澄清，一復文體一
> 詞含義之詞含義之舊；並將原書頭緒紛繁之文體論，稍加疏導條貫，
> 使讀是書者能得其統宗；且進而窺古今文學發展之跡，通中西文學
> 理論之郵，為建立中國之文體論作一奠基嘗試。（18f，1）

徐先生進行對文學本質的探究界說，目的在於建立一個可以解釋古今文學演
變軌跡的基點，開闢一個中外文學理論可以對話的領域。徐先生對文體觀念
的復活，不僅是古典文獻的整理詮釋而已，其中蘊涵著與對當代中國文學研
究的反省思索，涉及文學史觀的重建與中西文學理論的融通問題。

　　那麼，徐先生的省思究竟針對何者而發呢？

　　首先，是陷於文獻訓詁之學的傳統文學研究。徐先生指出當前所以不能出現一部像樣點的中國文學史，是因爲「大家不肯進入到中國文學的世界中去，，而僅在此一世界的外面繞圈子。有的人，對於一個問題，搜集了許多周邊的材料，卻不肯對基本材料——作者的作品——用力。有的人，對基本材料，做了若干文獻上的工作，卻不肯進一步向文學自身去用力。所以在這類文章中，使人感到它只是在談無須乎談的文獻學，而不是談文學史。」（18f，自序，2），他認爲「現在要把文學從語言、考據的深淵中，挽救出來，作正常的研究，只有復活《文心雕龍》中的文體觀念，並加以充實擴大，以接上現代文學研究的大流，似乎才是一條可走的大路」（18f，77）。徐先生所謂「正常的研究」，亦即是以「文體」爲主的研究，因爲「文體」即是文學的藝術形相，乃是文學作品成立的條件，他強調：

> 文體雖與語言及思想感情，並列而爲文學的三大要素之一；但是語言和思想感情，必須表現而成爲文體時，才能成爲文學作品。一切藝術必須是複雜性的統一，多樣性的均調。均調與統一，是藝術的生命，也是文學的生命；而文體正是表徵一個作品的均調統一的。從作者說，是他創作的效果；從讀者說，是從作品所得的印象；讀者只有通過這種印象始能接觸到作者；因此，文體是作者與讀者互相交通的橋樑。（18f，2～3）

在這段論述中，可見徐先生將文學的本質等同於藝術的本質——由作品的藝術形相觸發美感經驗。在徐先生來看，文學與其他藝術沒有本質上的差別，只是表現媒介不同而已，稱文學爲「語言的藝術」只是媒介分類的意義，不涉及文學本質的規定。

　　基於排斥語言訓詁之學的先見，以及視語言爲媒介工具，徐先生對於後來王夢鷗先生所從事建構的語言美學無法相應地理解，他反對王先生「把文學當作語言來處理」，並且提出這樣的論斷：「語言是文學的媒介體，語言學不是文學的基礎，美學才是文學的基礎」（18d，172）。徐先生認爲語言學在文學特性的研究上有以下幾點限制：

1. 文學的語言是帶有藝術性的語言，有別於日用語言，因此只能站在文學上，討論語言如何與其他因素鎔合，而塑造出文學形相，不能把文學當作語言來處理。

2. 即使就文學來討論語言，也應以作爲書寫形式的文字爲中心，因爲文

字固然出於語言，但是語言與文字畢竟是兩個層次，以標音爲主的文字，文字與語言的間隔小，以標義爲主的文字，文字與語言的間隔大。

3. 沒有語言文字，就構不成文學，但文學作爲一個藝術形式的統一體，不純然建立於語言之上，它更是一種情感、意念的樣式，文學作品的價值是視後者而定的。(18d，173～181)

以美學作品爲文學的基礎是無庸置疑的，但是美學與語言學果眞如此涇渭分明嗎？口講的或書寫的語言文字固然是文學作品的物性存在，但語言果眞僅爲一種工具性的媒介體，自身是一空洞的形式，由人的思想情感填充內容嗎？

徐先生所反對的語言學只是語言訓詁之學，〔註5〕從這個角度來看，「語言學不是文學的基礎」也是中肯之論。不過，事實上語言學的範圍與內涵不止於此，尤其是在當代語言學的領域中，所關切的早已超越了訓詁的問題，而主要是對於語言工具領域的進行重估與反思，從亞里士多德以來的語言觀——視語言爲主體反映存在的表現符號，其功用是把存在轉換爲人類可以理解的存在——受到根本的質疑而動搖，語言與存在的關係、語言與傳統、語言與思想、語言與意義等之間的關係，都處於牽一髮而動全身的變動格局之中。〔註6〕徐先生顯然未注意到這個重要發展，以致對於王夢鷗先生從語言學的觀點，建構語言美學的用意，不能貼切地加以理解。王先生肯定語言與思維、情感有內在的關聯，語言的本質，無論是聲音或圖式，實際都是心意的記號或符號，而文學正是「語言藝術」，語言並非僅是藝術分類上的區別，語言的構成原理即是文學的構成原理，他如此說明文學的本質：

詩的——文學的本質，只是一種恰好透過「語言」——這個實用的事實而成立的美感經驗。亦即因爲語言的「聲音組織」與「章句結

〔註5〕 在《中國人性論史·先秦篇》的第一章「生與性——一個方法上的問題」中，徐先生指出傅斯年先生「以語言學的觀點解決思想史中之問題」的方法之謬（18e，11～13），其中所謂「語言學」即指語訓詁之學；在〈王夢鷗先生「劉勰論文的觀點試測」一文的商討〉中，由於認定語言學即語言訓詁之學，因此以爲《文心雕龍》中涉及語言學因素的只有〈序志篇〉所說的「釋名以彰義」，有如「詩者，持也」（〈名詩篇〉）、「賦者，鋪也」（〈詮賦篇〉）等有關訓詁的部分。（18d，176～177）徐先生立意釐清訓詁、文獻之學與文學的界線，建立文學研究的學術自律性，其努力是值得肯定的，但是也使得他對語言學的認識始終有限，而無法與王先生展開有效的對話。

〔註6〕 關於古典語言學對語言工具的看法，以及近當語言學與符號學、結構主義、哲學詮釋學等學派結合之後，對存在與語學關係的，參見殷鼎先生的《理解的命運》第六章，（19，169～196）

構」這些媒介的條件與它的潛在要素（感情、想像、知解）互相融洽，所以它所形成的（口講或書寫），便不同於其他表現品（一面是哲學科學一面是音樂繪畫）。（13a，23）

語言與文學的審美經驗既然不可分割，而語言的原理與文學的原理同一，所以研究文學，可用美學的方法，也可用語言學的方法。甚至於說：美學的方法本即是語言學的方法。（13a，31）對中國文學美學的建構而言，符號學（記號學）是一個值得開發的領域，不過，就中國文化作爲一個超出西方界限的系統而言，應注意西方語言符號學模式的局限，徐先生特別指出：在中國，語言與文字爲二個層次，若就文學作品的符號形式來討論中國文學，應以其文字屬性爲主，這實在是與整個中國文化的特質密切相關的問題，也是值得深入研究的領域。

其次，徐先生所省思的是自白話文運動以來所形成的文學史觀。由胡適先生等人所提倡的白話文運動是一場文學革命，〔註7〕對中國傳統文化造成根本上的動搖，胡先生等人的白話文運動何以有如此具大的影響力呢？龔鵬程先生所提出的解釋可作爲我們的參考，他指出中國傳統是一「文字——文學——文化」的具體結構，文字在此傳統結構中具有絕對的優位性，展現眞相與眞理的力量。而這種展示，也即是人類文明的價值所在。古來以天文、地文、人文並稱，文就具有秩序和價值意義，包含一切典章制度禮樂文飾而言。自然的世界，經過修飾即爲有文，或文已得明；一句普通的說話，修過整飾亦爲有文。故文可以指辭采文章，也可以是指整個文化的體現。」（31c，417）胡適等人的文學革命要革的，正是這樣一個傳統，龔先生如此說明：

他們所建立的，是個以口語爲中心的白話文學史觀。藉著「文言／白話」的對比，胡適在〈建設的文學革命論——國語的文學、文學的國〉一文中痛詆二千年來文人所作、用死文字做出來的死文學，提倡國語的文學。民國 10 年，更寫了《白話文學史》，將整個文章的文學史改寫成白話的文學史。……晚清啓迪民智的白話文運動，是著眼於交流功能的語文運動。文學革命則扭轉了以文字爲中心的

〔註7〕此爲近代中國文學史上的重大問題，不過本文無暇兼及。對於劉大杰先生的文學史著作，龔鵬程先生有深刻的反省批判，參考其〈試論文學史之研究〉一文（31d，227～301）。另外，關於胡適先生提倡白話文的意義與性質，龔先生的〈文字傳統的解構與重建〉一文亦具相當的洞見。（31c，411～426）

哲學，打破了中國整個文化傳統的核心，對中國文化進行一次「解
構」。……由文、文學到文化，全面地質疑、瓦解、顛覆。從批判文
言，到對傳統的全面棄絕背反，而逐漸由以語言爲中心，達到「全
盤西化」。也就是說：五四運動所進行的變革，從根本上動搖了傳統
「文字──文學──文化」的具體結構。(31c，419)

簡言之，胡先生等主張以語代文，目的在於藉著批判文言，顛覆以文字爲中
心的文學觀、世界觀，將整個傳統的信仰、價值、技術「全盤西化」。

　　徐先生似乎也理解到白話文運動影響所及的傳統文化的危機，他指出：

白話文運動提出「凡屬文言的作品便是死文學；只有白話的作品，才是活文
學」的口號，致使當代學者所撰寫的文學史中，唯有俗文學才受到文學地待
遇；五十年以前，每一時代的文學主流，便實際都受到「非文學」地待遇。(18f，
自序，3) 歷史的斷裂、傳統的異化，這是徐先生最痛心疾首的問題，在這樣
的反思中，徐先生提出以「變化」代替「進化」的觀點，他說：

進化的觀念，在文學、藝術中，只能作有限度的應用。歷史中，文
學藝術的創造，絕多數，只能用「變化」的觀念加以解釋，而不能
用進化的觀念加以解釋。(18f，自序，4)

從這個角度來看，徐先生之詮釋《文心雕龍》，涵有「復古通變」的策略意味：
從劉勰《文心雕龍》的理論系統重新出發，抉發一個可以轉移當代典範的「新」
典範（這個新典範對被轉移的當代典範而言是「新」，就其出於《文心雕龍》
的原典而言，則是「古」，但是就古典新詮而言，此古典往往也脫略了本身的
歷史情境，被抉發出原本潛伏的或非主流的意蘊），問題是爲什麼選擇文體觀
念作爲重返古典以解決當代問題的策略點呢？

　　在詮釋《文心雕龍》的「文體」觀念之前，徐先生通過研讀日人小林英
夫等人的著作，已注意到文體論是西方文學及美學理論的主要課題之一，並
認爲文體論也是中國傳統文學中的問題（18c，117），可見他早已肯定文體爲
文學藝術作品的基本規定：文學作品所以成立的條件在於作爲藝術表現的形
相性。(此看法與《文心雕龍》相悖或相合，容後商量) 徐先生所謂的形相，
本是客觀世界具體存在的自然事物的外觀，藝術形相指的是經過藝術構思加
工的自然形相。筆者在第三章曾經說明：徐先生所說的藝術形相乃是一個意
向性活動的產物，一端緊扣客觀的自然物色，另一端緊扣主觀的人性情志，
在藝術作品中，有聲有采的感性形相凝固原本流動的、朦朧的情思，使其體

現成一種神味、品地或格調。文學的形相，就它是自然物色的描繪而言，乃是審美意象的物態化，就它是情性樣態的體現而言，即是風格（審美形態），相當於英法的 style，這就是徐先生所謂的「文體」。從「文體」（風格）流變的角度看待文學史，可以肯定過去性的文學作品也有現時性，文體的創造形成文化的積累，積累的文化本身又爲變革者所因所資，然後再創新的文體，這是「以通求變」的創造，每一種新創的文體都是主體心靈的活動結果，都在這「通變」的脈絡中有它自己獨立的位置，而又同時是文化傳統中的一個開放體，不斷地重新其生命。

　　徐先生以此深刻的體會，針對自白話文運動以來所形成的文學進化史觀而發言：

> 凡屬於價值系統方面的文化，一切合理的變，都是出之於會通；即
> 都是出之于斟酌、隱括、因革、參伍；而不是來自張三「打倒」李
> 四，或李四「打倒」張三的方式。這是通過任何途徑的變化所不能
> 例外的。假定我們的新文學運動，走的是「以通求變」的路，而不
> 是走的打倒的路，或者在文學的自身，也不致到現在還是一張白紙。

　　（18f，71）

徐先生強調必須以文體爲基點，以「變化」取代「進化」，建立一連續、發展的文學史觀，由此可見其終極關懷涵有足以發人深省的人文精神。不過，這樣一種屬於當代歷史情境的人文關懷並非《文心雕龍》所預見，徐先生的詮釋既帶入如此的主觀態度，所選擇的詮釋角度是否溢出《文心雕龍》理論體系所能涵容的量度呢？這是我們進一步要辨析的問題。

第二節　文體觀念的意義架構

　　在徐先生的理解中，「文體」一詞指的是文學作品整體的藝術形相，亦即是文學作品的美感範疇，如優美、雅麗……等，這種定義的「文體」其實相當於現代文學理論中所說的「風格」（即 style）。〔註8〕徐先生視文學作品的風

〔註8〕徐先生以 style 對譯「文體」，但他不贊同以「風格」一詞翻譯 style，理由有
　　二：1.「風格」一詞過於抽象，不易表達「文體」一詞所含的藝術的形相性。
　　「形相性」才是此一觀念的基點。2.「風格」一詞，是作爲文體價值判斷的
　　結果，常指的是文體中某種特殊的文體而言；因此文體一詞可以包含風格，
　　而風格不能包括文體。更重要的是：對「風格」的這種廣義使用，是近幾十

格爲作者創作個性的產物，因此他強調所謂「文體」與由題材不同而來的文類，完全是兩回事，因爲文類是根據題材性質或體製之異而區分的文章種類，它是文學作品的客觀存在，不涉及作者個人的因素在內，其形式固定不移；文體指文學的藝術形相，它是半客觀半主觀的產物，必須有人的因素在裡面，其形式是流動的。（18f，16）在徐先生看來，文學的藝術形相固然由文學作品的文理組織所呈現，但是任何一件文學作品之所以是無可取代的個體，乃因爲它體現了主體的性情面目，是作者生命內蘊和精神風姿的延展，作品與作者之間構成一種延續性的關係。順此理解，徐先生對於文體觀念的歷史流變作了如此的描述：文體的觀念是在曹丕的《典論・論文》中所提出來的，所指的是文學中的藝術形相性，而不是指文章的種類。自《典論・論文》以後，由兩晉而宋齊梁，文學評論幾乎都以文體論爲中心。《文心雕龍》是此一時代文學評論著作的一大綜合，全書都可以稱之爲文體論，上篇是歷史性的文體研究，下篇是普遍性的文體研究，而下篇的〈體性篇〉又是《文心雕龍》的文體論的核心。南宋元明的文章選家，以「體」指稱文類，致使文體的本義

年來的事，並不能推到劉彥和的時代。（18f，13～14）徐先生指出「風格」的現代語義與中國固有的「風格」一詞涵義有所出入，所言極是。葛洪《抱朴子・疾謬》〉有云：「以傾倚屈腳（《群書治要》作「屈申」）者爲妖妍標秀，以風格端嚴者爲田舍朴騃。」（04，150）又如《世說新語・德行》所說：「李元禮風格秀整，高自標持，欲以天下名教是非爲己任。」（03，4）或《晉書卷七三・庾亮傳》：「風格峻整……隨父在會稽，巍然自守，時人皆憚其方嚴。」（02，223）所謂「風格」指人物的風度品格，這種「風格」的形容，和晉宋以來的九品論人的門閥制度有關，當時對於人的才性往往從他的風度與品格來衡量。但是必須注意的是「風格」帶有價值判斷的意味，常指一種嚴整方正，不隨流俗的節概，與「風骨」意義相近。在《文心雕龍》中，轉用了「風骨」一詞（意義爲何，則又是一爭訟不已的問題），而「風格」一詞謹兩見，一爲〈夸飾〉的「雖詩書雅言，風格訓世」（10，608），「格」或本作「俗」，「風」作動詞，「風俗」即「勸俗」與「訓世」對舉，義較妥貼，因此與所謂文章風格無關的；另一「風格」出現於〈議對〉：「然仲瑗博古，而詮貫有敍。長虞識治，而屬辭繁。及陸機斷議，亦有鋒穎，而諓辭弗剪，頗累文骨；亦各有美，風格存焉。」（10，438）在這段批評文字中，徐先生認爲「風格」與「文骨」對稱，所以「風格」不同於「風骨」認爲「格」可作「法」解，「風格」與「風矩」或「風軌」同義。（18f，15）無論是「風骨」或「風矩」，與現代所謂「風格」的語義顯然不同。中國古代文論中的「風格」與現在習用的「風格」，意義與用法確有差異，但是爲了便於討論，本文仍採用現在論域中習用的「風格」一詞。至於「風格」在近代西方美學中的淵源、用法和意義，可參考姚一葦先生在《藝術的奧秘》中的專章論述（17，279～313）。

隱沒不彰，並導致後人誤解《文心雕龍》的上篇爲文體論，下篇爲創作論或修辭論。這樣的描述是否吻合歷史的實相呢？

文體觀念的歷史起點在曹丕的《典論‧論文》，那麼在曹丕的論文中應該最能看出文體觀念的原創性和特質所在。在《典論‧論文》中，曹丕共提到四個「體」字，列舉如下：

1. 夫人善於自見，而文非一體，鮮能備善。

2. 孔融體氣高妙，有過人者，然不能持論，理不勝辭，以至乎雜以嘲戲。

3. 夫文本同而末異，蓋奏議宜雅，書論宜理，銘誄尚實，詩賦欲麗。此四科不同，故能之者偏也，唯通才能備其體。

4. 文以氣爲主，氣之清濁有體，不可力強而致。（05，124～125）

所謂「文非一體，鮮能備善」，是針對當時文人以己之長輕人所短的批評習氣而發的，透露了曹丕個人欲建立客觀批評標準的意圖，他所提出的批評標準爲何？在接下來的論述中，他就建安七子所擅長的文類及風格提出實際的批評，〔註9〕從這些實際批評可以推究出以下二點：其一、曹丕既能判斷七子各自所擅長的文類，那麼他對於各種文類必存在著某種客觀而理想的要求。其二、他在提出七子各自所擅長的文類之後，進一步分析風格的表現，可見他對文類的理想要求中包含有各種文類必須具有的理想風貌。曹丕對於這兩點，都有後續的論述，所謂「文本同而末異」指文學作品有共同的本質，但是具體實現的樣式各不相同，依作品形構、性質和功用來分，有奏議、章表、書論、詩賦的不同，而不同的文學類型又各有「雅」、「理」、「實」、「麗」等理想風格的要求。可見所謂「文非一體」的「文體」不僅指文類，同時指作

〔註9〕 曹丕對於建安七子的批評亦見於〈與吳質書〉，將二文參照可以更清楚地看出建安七子各人所擅長的文類，及其表現的風格。蔡英俊先生曾歸納二文，列出表格如下（26c，139）：

作　　者	擅長文類	風　　格
王粲（仲宣）	辭賦	體弱
徐幹（偉長）	著書：《中論》	齊氣、懷文抱質、恬淡寡欲、辭義典雅
阮瑀（元瑜）	章表書記	書記翩翩
陳琳（孔璋）	章表書記	章表殊健，微爲繁富
應瑒（德璉）	著書	和而不壯
劉楨（公幹）	詩賦	有逸氣、但未遒耳、壯而不密
孔融（文舉）	論	體氣高妙、理不勝辭

品所表現的整體風格。一件文學作品依其客觀的結構形式或性質功用可歸屬於不同的類型，而一位作家之所以被稱許擅長某文類，不僅因為其作品符合該文類的客觀形構等要求，更在於能實現理想的類型風格，這種觀念在曹丕的論文已明確地表述出來。至於作家何以「鮮能備善」各體，而偏向某種文類或某種風格的表現呢？曹丕提出的解答是「文以氣為主，氣之清濁有體，不可力強而致」，「氣」指的是作者之氣，〔註10〕氣有體別之分，是先天決定的，無法力強而致，而以清、濁區分人的稟氣，意味著清氣或濁氣決定著作者才力的高低，進而決定作品的巧拙（其下文以音樂為譬，而有「引氣不齊，巧拙有素」可為其證）。總括以上的分析，我們可以發現：曹丕所謂「文體」的觀念架構含有作品語文結構的整體形相的呈現，以及作家個人才性的顯現二個層面的意涵，將作品與作者視為一連續的整體，乃是此文體觀念架構的特質。

在曹丕之後，文體辨析更加精細，有就文類言文體的，如陸機〈文賦〉所描述的：

> 體有萬殊，物無一量，紛紜揮霍，形難為狀……詩緣情而綺靡；賦
> 體物而瀏亮；碑披文以相質；誄纏綿而悽愴；銘博約而溫潤；箴頓
> 挫而清壯；頌優遊以彬蔚；論精微而朗暢；奏平徹以閑雅；說煒曄
> 而譎誑。雖區分之在茲，亦禁邪而制放，要辭達而理舉，故無乎冗
> 長。其為物也多姿，其為體也屢遷……。（06，138）

又如摯虞〈文章流別論〉中所提及的：

> 昔班固為〈安豐戴侯頌〉，史岑為〈出師頌〉、〈和熹鄧后頌〉，與〈魯
> 頌〉體意相類，而文辭之異，古今之變也……若馬融〈廣成〉、〈上
> 林〉之屬，純為今賦之體，而謂之頌，失之遠矣……（07，157）

> 古之詩有三言、四言、五言、六言、七言、九言。古詩率以四言為
> 體，而時有一句二句雜在四言之間，後世演之，遂以為篇……然則

〔註10〕學者對於「文以氣為主」的理解有歧義，如羅根澤先生認為此「氣」指文章的氣勢聲調，而「氣之清濁有體」的「氣」指先天的才氣及體氣而言（30，42）。依這種解釋，則在上下緊連的兩句話中，同一「氣」字即有二義，似乎於文理不妥。將「文以氣為主」、下文的「氣之清濁有體」以及「引氣不齊，巧拙有素」等三個「氣」解為作者之氣，文義脈絡較通。作者之氣，王夢鷗先生認為是「呈現於文辭間的作家個性」（13b，8）。鄭毓瑜先生則進一步指出以「氣」來指稱作家的個性，乃是奠基於兩漢以來的氣性論（參見27b，77～85）。

雅音之韻，四言爲正，其餘雖備曲折之體，而非音之正也。（07，158）

哀辭之體，以哀痛爲主，緣以歎息之辭。（07，159）

也有就時代文風言文體的，如沈約的《宋書‧謝靈運傳論》對漢魏至劉宋時代「文體」變遷的敘述：

自漢至魏，四百餘年，辭人才子，文體三變；相如巧爲形似之言，班固長於情理之說，子建仲宣以氣質爲體；並標能擅美，獨映當時，是以一世之士，各相慕習。（08，171）

有就作者才性氣質與作品的必然關聯言文體的，如鍾嶸《詩品》所云：

郭景純用雋上之才，變創其體；劉越石仗清剛之氣，贊成厥美。（11，65）

其（按：指謝靈運）源出於陳思，雜有景陽之體，故尚巧似，而逸蕩過之，頗以繁富爲累。嶸謂若人興多才高，寓目輒書，內無乏思，外無遺物，其繁富宜矣！（11，196）

概觀這些文論中的文體觀念，基本上是沿著曹丕所揭示的兩條脈絡發展的，換言之，在六朝的文體觀念包含了類型風格、時代風格、個人風格等多層面的意涵。而類型風格的歸納和研究尤見時代特色，因爲在六朝這個階段中，相應於兩漢以來「文章」觀念的逐漸分化，文學創作在質與量上日臻繁盛的事實，文學批評與理論的反省活動聚焦於文學作品本身，而對文學領域進行一種「歸納的縱覽」，爲每一文類歸納理想的美感範疇，藉此擬定實際創作的規範原則，這是六朝「文體」理論的重要面向。那麼，徐先生說：

自曹丕以迄六朝，一講到「文體」，所指的都是文學中的藝術形相性；它和文章中由題材不同而來的種類，完全是兩回事。（18f，8）

這段話只說對一半，「文體」的確指文學作品的藝術形相，但是它與文類並非完全是兩回事，六朝的「文類」觀念不僅指依「題材」（作品的意義層面）的不同而作的歸類，當六朝人囿別文筆時，是對文學作品作爲「美的客體」的反思，每一文類的美感範疇正是他們關切的所在，他們是在各文類的體裁與風格的對應和整合關係中討論「文體」的，以作品本身的客觀形式爲類標準的「文類」觀念，實包含於六朝的「文體」觀念，單詞「體」常含有「類」的觀念，明代以後以「體」指稱「類」的原因在此。徐先生認爲魏晉六朝的「文體」乃指作者生命才性特質所體現於作品中的藝術形相，顯然將魏晉六朝的文體觀念解釋得太狹隘，不相應於六朝文論從客觀層面討論文體的事實。

　　《文心雕龍》的文體觀念為何？我們可以嘗試從文字的意義和全書的理論系統兩方面來理解。《文心雕龍》中共出現了一百八十八次，[註11] 其中「文體」連用者九見：

1. 傅毅所制，文體倫序；孝山崔瑗，辨絜相參。（〈誄碑〉10，213）

2. 才性異區，文體繁詭。辭為膚根，志實骨髓。雅麗黼黻，淫巧朱紫。習亦凝真，功沿漸靡。（〈體性〉10，506）

3. 鎔鑄經典之範，翔集子史之術，洞曉情變，曲昭文體，然後能孚甲新意，雕畫奇辭。（〈風骨〉10，514）

4. 密會者以意新得巧，苟異者以失體成怪。舊練之才，則執正以馭奇；新學之銳，則逐奇而失正；勢流不反，則文體遂弊。（〈定勢〉10，531）

5. 至於夫惟蓋故者，發端之首唱；之而於以者，乃劄句之舊體；乎哉矣也，亦送末之常科。據事似閑，在用實切。巧者迴避，彌縫文體，將令數句之外，得一句之助矣。（〈章句〉10，572）

6. 若統緒失宗，辭味必亂，義脈不流，則偏枯文體。（〈附會〉10，651）

7. 況文體多術，共相彌綸，一物攜貳，莫不解體。（〈總術〉10，656）

8. 自中朝貴玄，江左稱盛，困談餘氣，流成文體。（〈時序〉10，675）

9. 去聖久遠，文體解散，辭人愛奇，言貴浮誇，文繡鞶帨，將遂訛體。（〈序志〉10，726）

在以上九條文例中，可以看到劉勰使用「文體」一詞並不指涉文類，但其語義

〔註11〕 參見陳兆秀先生的統計結果（21，90）。據筆者所知，對《文心雕龍》「體」字作過研究分析的有：

陸侃如：〈文心雕龍術語用法舉例〉，《文學評論》第二期。

廉永英：〈文心雕龍體義箋證〉，《女師專學報》第二期（分為四種用法：體性、體骨、體式、體勢。）

王金凌：《文心雕龍文論術語析論》第五章，台北華正書局（分為六種含意：篇幅、內容、形式、體要、體勢、文章）。

陳兆秀：《文心雕龍術語探析》第三章，台北文史哲出版社（分為普通用語和專門術語，後者又分基本意義五種：文章體裁、文章、文章的內容、文章的辭藻、文章的風格，以及引申意義二種：寫作方法、文章的辭約旨體）。

杜黎均：〈文心雕龍文學理論術語新探〉，《文心雕龍文學理論研究和譯釋，台北谷風出版社（分為專用義二種：作品風格和作品體裁，以及普通義，泛指主體、物體）。

沈謙：〈文心雕龍之文學類型〉，《文心雕龍之文學理論與批評》第三章，台北華正書局（據陸侃如的分法，分為六種：文學體裁、作品風格、寫作手法、主體或要點、顯現、區別或分解）。

為何呢？所謂「文體倫序」是說文章的條理清晰，層次分明：「洞曉情變，曲昭文體，然後能孚甲新意，雕畫奇辭」，「情」為文情，即後文所謂「意」，文章的命意，「體」對「辭」指文章的語言形式；「若統緒失宗，辭味必亂，義脈不流，則偏枯文體」，是說安章造句時失去主旨，辭語意味必然混亂，義理脈絡絕難流暢，那麼文章的整個體製就會發生周轉失靈的現象；「中朝貴玄，江左稱盛，因談餘氣，流成文體」，這是敘述玄言詩體的興起流行，成為當時的詩作風格，所謂「玄言詩體」乃是由內容命意的特徵而歸類其體；「去聖久遠，文體解散，辭人愛奇，言貴浮誇，文繡鞶帨，將遂訛體」，訛體的形成乃因為奇辭浮言，文飾太過的緣故。總括以上的分析，《文心雕龍》所用「文體」一詞，即指稱「文章體式」──作品文理組織（包括作品的外在結構形式和內在的意義形式）的整體表情作用。﹝註12﹞事實上，不僅是「文體」的語義如此。《文心雕龍》其他出現單詞「體」的地方，也多指語文結構上的整體表情作用而言，如〈明詩〉：「四言正體，以雅潤為本；五言流調，則清麗居宗。」（10，67）「雅潤」之體乃是對四言詩這種文類所要求的共同的美感範疇，「清麗」則是五言詩的共同美感範疇，其義甚明。又如〈隱秀〉云：「隱之為體，義主文外，秘響旁通，伏采潛發。」

﹝註12﹞ 在此，筆者接受蔡英俊先生對「文體」一詞所作的範限（參見 26b，350）。這個意義的「文體」理論，與徐先生所說的「文章分類工作」有極大的差距，徐先生承認文章分類工作的重要，但只將它看作是外緣知識的建立。然而，就像韋勒克與華倫所揭示的：「（文學性）基本種類的極限，一端是連接到語言形態學，一端則連接到對於宇宙之究極的態度」（32，382），所謂文學類型學的終極關懷實有其不容忽視的深度。蔡英俊先生曾對此有所說明：「分類原是人類藉以辨識複雜的表相世界、掌握事物整體的一種手段，同時也是探討一切抽象理論的起點。借助於分類，我們可以對單一藝術作品的分析，走向比較、分析眾多藝術作品所體現的相同或不同的整體結構，再從這種整體結構的同異裡規範出每一種形式所獨具的語文設計與美學目的，最後達到共通的、終極的理論定義。這便是類型理論在文學研究上的積極效益。每一種文學類型都具有它獨特的觀物方式、獨特的語文表現模式與美感設計、美學目的。」（25a，4～5）文類的選擇不僅是一種表現形式的策略，同時應合著某種對世界的領受方式；而文類的演變歷程，幾乎使得每一種文類的形式承載了文化傳統中的理想與規格，就如高友工先生曾經指出的，唐時出現的「律詩」是一種抒情的美典，「『律體』在它的『聲調』與『語義』的規律外有一種結構上的原則真確地反映了它更深一層『理想』與『價值』的意義」（20，251）。在高先生的基礎上，呂正惠先生的〈形式與意義〉（15，17～65）進一步討論了中國詩詞、散文、民俗文學等類型所展現的美感本質；蔡英俊先生的〈抒情精神與抒情傳統〉一文（26d，67～110）則探討了中國抒情傳統所展現的美感極境，這些研究成果對於從文類來探究中國文學的特質，是深具啟發性的。

（10，631）這是就文外重旨的表現模式來說明「隱」這種文體，「體」的意義，仍指客觀的文理組織的藝術表現。

其次，就全書的理論體系來看，對於作品本身的內在規律和美感質素的關切，乃是劉勰著論的一大特色，即使他肯定作者的主觀情性，足以影響作品文體的表現，仍是就主體情性與客觀體式的互動立論，所謂「情致異區，文變殊術，莫不因情立體，即體成勢也」（〈定勢〉10，529），「才性異區，文體繁詭。辭為膚根，志實骨髓。雅麗黼黻，淫巧朱紫。習亦凝真，功沿漸靡」（〈體性〉10，506）。劉勰與曹丕的文體理論，基本上都有兩個層面的意涵發展，而一個明顯的變化，在作者才性與文體關係的討論上，劉勰已不像曹丕僅由「命定性成」的「氣」來觀體，而是將作者的主觀因素再分為才、氣、學、習，且強調「摹體以定習，因性以練才」（10，506），所以，《文心雕龍》雖然兼有「以性觀體」和「以文觀體」二個面相，實際上是偏向「以文觀體」。〔註13〕徐先生對於這種客觀精神似乎未曾注意，以致對於文體觀念的意義建構亦難以圓合。

徐先生將《文心雕龍》的「文體」分析為體裁、體要與體貌等三方面的意義，所謂體裁，是由語言文字之多少所排列而成的形相，或稱為體製，是文學作品最低次元的形體。所謂體要，是由合於要點所形成的文體。所謂體貌，是由聲、色所構成的形相。此三者互相依存，互為表裡，由體裁→體要→體貌昇華而形成統一的整體，而以體貌為文體一詞所含三方面意義中徹底代表藝術性的一面。對於徐先生的論點，我們要追問的是：所謂體裁、體要、體貌的意義解釋是否切合《文心雕龍》的原意？而其所謂體裁、體要、體貌的意義是否可以窮盡《文心雕龍》「文體」觀念的內涵呢？

《文心雕龍》所謂「體裁」或「體製」，不僅指語言文字的多少所排列的格式而已。〈神思〉所謂「文之制體，大小殊功」（10，494）的「體」固然指文章的篇章規模，但是〈定勢〉云：「箴銘碑誄，體制於弘深」（10，530）箴銘碑誄以「弘深」為體制（理想風格），此「體制」與篇章規模無關，再如〈附會〉：「夫才童（本作「量」，據王利器本校改）學文，宜正體製：必以情志為

〔註13〕關於「以性觀體」和「以文觀體」，參考王金凌先生〈論曹丕至皎然文體觀的演變〉一文（13，167～172）。王先生認為劉勰〈體性〉論作家才性與文體的關係，基本上未擺脫「以性觀體」的傳統，而且同樣陷於稟氣與學習互相衝突的困境，「以性觀體」必須轉向「以情觀體」的方式才能突破其困境，那就有待鍾嶸的完成了。

神明，事義爲骨髓，辭采爲肌膚，宮商爲聲氣……」（10，650）所謂「體製」顯然也不是徐先生所解釋的意思。在《文心雕龍》中，「體裁」或「體製」指文章的客觀形構，以及由客觀形構所呈現的藝術效果，與文體義近，而較偏向規範性質。徐先生所理解的「體裁」或「體製」實在過於狹隘。

其次關於「體要」，徐先生的解釋頗受詬病。考《文心雕龍》全書，「體要」一詞凡四見，分別是：

1. 〈徵聖〉：「《易》稱辨物正言，斷辭則備；《書》云辭尙體要，弗惟好異。故知正言所立辨，體要所以成辭……雖精義曲隱，無傷其正言；微辭婉晦，不害其體要。體要與微辭偕通，正言共精義並用。」（10，16）

2. 〈詮賦〉：「逐末之儔，蔑棄其本，雖讀千賦，愈惑體要，遂使繁華損枝，膏腴害骨，無貴風軌，莫益勸戒。」（10，136）

3. 〈奏啓〉：「立範運衡，宜明體要：必使理有典刑，辭有風軌，總法家之式，秉儒家之文，不畏彊禦，氣流墨中，無縱詭隨，聲動簡外，乃稱絕席之雄，直方之舉耳。」（10，423）

4. 〈序志〉：「周書論辭，貴乎體要；尼父陳訓，惡乎異端；辭訓之奧（原作「異」，據劉永濟校改），宜體於要。」（10，726）

《尙書・僞畢命》：「辭尙體要，不惟好異。」《僞孔傳》曰：「辭以理實爲要，故貴尙之。」（01，291）此爲劉勰所本，體要是指文辭言說須理實辭約。徐先生說：「體要之體來自五經的系統……體要之體以事義爲主……體要之體出自文學的實用性……體要之體是通過法則形成其形相……後來古文家所主張的義，實際是繼承此一系統而發展的。」（18f，26）要求文辭體於要的確是儒家（五經系統）的文學觀點，就歷史的淵源而言，徐先生所見爲是；不過五經系統提出體要的概念，實際上涵有對文章命意內容的一定要求，而在劉勰則轉向對表達效果的要求，所以徐先生依體要概念在歷史起點上的發生意義，而將《文心雕龍》的體要解釋爲「出自文學的實用性」、「以事義爲主」，則不能切合劉勰的本意。

最後就「體貌」來說，徐先生認爲「體貌之體，來自《楚辭》的系統……體貌之體是以感情爲主……體貌之體是來自文學的藝術性……體貌之體是通過聲采以形成其形相。」（18f，26）這樣的解釋與《文心雕龍》的「體貌」義是否相吻合？在《文心雕龍》中，「體貌」一辭僅三見，分別是：

1. 〈書記〉：「狀者貌也，體貌本原，取其事實。」（10，459）

2. 〈練字〉：「夫文象列而結繩移，鳥跡明而書契作，斯乃言語之體貌，而文章之宅宇也。」（10，623）

3. 〈時序〉：「魏武以相王之尊，雅愛詩章；文帝以副君之重，妙善辭賦；陳思以公子之豪，下筆琳瑯；並體貌英逸，故俊才雲丞。」（10，673）

第一例的體貌是形容、描繪的意思，第二例的「言語之體貌」是說文字是語言的具體符號，第三例的體貌，范文瀾注引《漢書‧賈誼傳》「體貌大臣」顏師古注曰：「體貌，謂加禮容而敬之。」（10，682）因此，體貌解釋為敬禮、尊重之意，於文義可通順。如此看來，《文心雕龍》所用「體貌」無一是徐先生所解釋的文章藝術性的形相，徐先生乃強以「聲貌」解「體貌」，而《文心雕龍》中的「聲貌」與「物色」意近，均非文體概念。

總括以上的對證，我們發現：徐先生對《文心雕龍》的「體裁」、「體要」、「體貌」等概念的解釋幾乎完全錯誤，果然如此，《文心雕龍》的「文體」觀念實不是「體裁」、「體要」、「體貌」所謂「三次元」的意義所能窮盡的，徐先生的解釋是一套誤構的系統。為什麼有此一誤構的詮釋系統出現呢？除了因為徐先生未能深入全面考證《文心雕龍》的用語，以及對《文心雕龍》的客觀精神缺乏相應的理解之外，更主要的原因是徐先生對於「文體出於情性」的關切形成了他的前理解。「文體出於情性」是徐先生在復活文體觀念時所要闡揚的核心命題，徐先生對此一命題的關切，含有中西較量的意味，他指出西方最早論及文體與情性關係的是彪封（George Louisle ClercComte de Buffon）所提出的「文體即人」，〔註14〕而劉勰「在早於彪封一千二百餘年以前，便已明確而具體的提

〔註14〕彪封是西元最早為「style」下一完整定義的學者，他在西元 1753 年於法蘭西學院的演講中討論文學的風格，「文體即人」一語即當時所提出的名言。不過，徐先生對這句名言所傳達的觀念並沒有作過直接的說明，倒是姚一葦先生曾在〈論風格〉一文中引述其說，並指出一般人對其觀念的誤解：『風格（嚴格地說 style 一詞在此係指文體）為人的思想的一種秩序的安排與運轉的方式。』又說：『意念為風格形成的基礎，語言的和諧僅屬次要者，又風格依存於官能的感受性。』布芬（即彪封）係自人類的精神的領域以討論風格。他的所謂的官能的感受性，那一理性與意念不只是耳與目的感受，而更主要的是指心靈的感受。從而他認為優越的作品一定是優越的思想。可是後世的人卻經常把布芬的觀念加以誤解；因為他說過：『風格是人的自身』，便以為他的所謂風格係指個人的風格，甚至一種相人術式的風格，事實上布芬的風格非指純個人的表現，而是自心智的價值的觀點立論的；是指一種秩序、一種延續、一種理性的發展；是人類的心靈的秩序與意念的溝通。布芬的觀念係指一種偉大的崇高的風格，一種普遍的、一般化了的與非個人的，是笛卡兒

出了文體與人的關係；這在他，則是深入地說文體與情性的關係。」（18f，42）
文體與人的關係不僅是觀察中西文化的脈絡異同的切口，恰恰也是把握中國文
學觀念流變的一個重要關鍵，劉勰等六朝文論家對於文體與情性關係的論述，
賦予先秦兩漢以來「文如其人」傳統以新義，正凸顯了文學觀念的重大轉變：
〔註15〕先秦兩漢「文如其人」的傳統中，從「詩言志」（《尚書·堯典》、《詩·
大序》）到「心聲」、「心畫」（揚雄《法言·問神》），再到「觀文以知情」（王充
《論衡·佚文》），大體上是基於內外相符的原則，以爲作品所表現的，乃是作
者在道德上的或有利於政教方面的心志。自東漢以降，由於文字系統的建立，
以及著作權的解放，有別於「作者之謂聖，述者之謂明」的創作新傳統建立，
〔註16〕整個創作活動的目的，在於表達自己、紀錄自己、言自己的志，作品不

式的觀念的表現，而非斤斤於一個作者的個人的人格討論。由於他的所謂風
格既然超越於作者個人，甚至作品之因而容含了高度的價值的意味。」（17，
286）另外，錢鍾書先生則作如此的解釋：「（Buffon）僅謂學問乃身外物，遣
詞成章，爐錘各具，則本諸其人。『文如其人』乃讀者由文以知人；『文本諸人』，
乃作者取諸己以成文。若人之在文中，不必肖其處世上、居眾中也。」（28，
165）彪封從「文本諸人」以肯定人類心靈秩序與心智價值的重要，劉勰則從
文體出於情性的角度闡發「文如其人」的精義，中西方對於文體與人關係的
不同觀點，恰是文化脈絡差異的表徵。徐先生對此雖未深究，但他所展現的
解釋觀點，可以啓發後續的思考。

〔註15〕對於「文如其人」觀念演變，學者多有論述，如曹祖蔭先生在論及「體性篇
的美學特徵」時，特立「文如其人」一節考察了歷代的觀點（24，358～366），
另外，鄭毓瑜先生在討論「文氣論」時，亦對先秦兩漢到魏晉六朝的「文如
其人」傳統的轉變作了詳細的論證（27b，65～69）。本文對於六朝以前「文
如其人」的觀念，直接援引學者的研究成果，簡略言之而不再贅述。

〔註16〕參考龔鵬程先生在《文化符號學》第一章所展現的解釋觀點（31c，3～46）。
在秦漢以前，文史哲等不同學術文化部門之間的界限並不分明，「文」的觀念
亦極爲寬泛，如《論語》中的「文」幾乎包含整個人文價值系統在內。到了
漢代，有「文學」與「文章」之別，「文學」指學術，而「文章」則是指廣義
的文章，包括文官書札和詩賦等，「文章」通常被視爲壯夫不爲的雕蟲小技。
然而，如龔鵬程先生所說的，兩漢其實是神聖性作者觀與所有權作者觀的消
長之機，所謂「神聖性作者觀」可以《禮記·樂記》的「作者之謂聖，述者
之謂明」來說明，「聖人」乃通天地之心，宣化存有眞理者，天地眞理的人文
示現即是禮樂制度，故唯聖人能制禮作樂，禮樂爲「知禮樂之情」的聖人所
作，後由「知禮樂之文」的明者所述。這種作者觀乃基於「一切的創造性力
量，及創造性的根源，均來自神或具有神聖性的『東西』」（31c，10）的信仰，
在作詩著書之際，不敢自居於作者，而將作者的榮耀歸諸古代的先聖先哲；
這種神聖性的作者觀是儒家的創作傳統，他們抱持著「述而不作」的態度，
以闡述經典或注釋經典的方式來參與創作，表面上是仰企聖人，以爲不可超

再外指，而指向作者個人內在的世界。范曄《後漢書・文苑傳》的成立，正是文學自經學系統抽離獨立，文人的價值地位受到肯定的標誌。至漢魏之際，隨著政治結構的變遷，文人緣於死生哀樂的刺激，引起生命意識的反省，對於生命經驗與全幅人性的重新認識與估價，促成了情性主體的自覺，開始了美感的探索。此時對於文學特質的認識或爲「情動而言形，理發而文見」（劉勰《文心雕龍・體性》），或爲「吟詠風謠，流連哀思者，謂之文」（蕭繹《金樓子・立言》），在在顯示了魏晉六朝人憬悟到文學作品在於言自己的「志」，此「志」的內容是人的深情。〔註17〕這種文學觀念的轉變反映到文學批評的理論脈絡上，「文如其人」不再是文品與人品的機械聯繫，而轉向個性與風格關係的探討，「文體出於情性」即是其中的核心命題。在上文已提過，《文心雕龍》的確有此面向的理論，劉勰基本上承續了曹丕以降「以性觀體」的脈絡，雖然這不是《文心雕龍》文體理論的終極關懷，但是劉勰亦承認作者與作品爲一連續性的整體。徐先生對《文心雕龍》的理解，最大的失誤是以偏概全，但是對於「文體出於情性」美學意義的闡發，仍有其精彩之處，這是應當另眼看待的。

第三節　文體觀念的美學意蘊

徐先生對於《文心雕龍》觀念的美學意蘊之闡釋，主要涵括三個層面：其一、審美感興的層面；其二、文體實現的層面；其三、接受鑑賞的層面，在這三個層面的詮釋中，徐先生一方面闡發《文心雕龍》的理論意義，一方

越，實際上是以傳述的方式從事創作。這種神聖性作者觀自戰國末期逐漸式微，漢儒解經雖然以述者自居，但是他們的傳述，卻開啓了神聖作者觀轉換爲所有權作者觀的契機。孔子之後，儒分爲八，後學各尊所聞，各是其是，對於經典的理解和解釋不同，形成不同的家法、師法，這些不同的學派在競逐經典的解釋權時，莫不以恢復作品原貌、指實作者爲誰以及追究作品本事、本義等爲要務，而盛行於西漢的今文經學解將《春秋》視爲孔子所作，已賦以作品一所有權的觀念。對於作者所有權的肯定，加以漢代學術發展的理性化「除魅」結果，都促成了作者的世俗化和文章著作的技藝化，形成新的創作傳統，原來神聖的著作成爲人人可以追求的目標；而原來被視爲雕蟲小技的文章寫作，轉換爲可以安身立命、表現自我的事業。文章著作乃是人人可以從事、學習的技藝，文章的創作量激增，「文人」獨立存在的價值也被承認；另一方面，由於著作權的解放，人人可以成爲作者，可言自己的志，著作的目的遂由傳示眞理轉向表達作者個人的內在情志。

〔註17〕對於魏晉六朝「緣情」觀念的內涵及中國文學抒情傳統的建立，參考陳昌明先生在《六朝的「緣情」觀念研究》第二章至第四章的析論（22，31～121）。

面也表達他個人對文學精神主體的關切，以下就此三個層面分別說明探討。

　　在審美感興的層面，徐先生指出《文心雕龍》將自然稱為「物色」，並揭示了「情以物興」「物以情觀」的心物關係，他說：

> 彥和一方面擴大了《詩經》中比興的意義，以作一般文學中結合自然事物的方法。同時，早于西方感情移入說成立約一千三百餘年以前，而提出了簡捷明白的「情以物興」，「物與情觀」的論據。〈詮賦篇〉：「原夫登高之旨，蓋物興趣。情以物興，故義必明雅。物以情觀，故詞必巧麗。」「情以物興」，亦即〈物色篇〉的所謂「物色之動，心亦搖焉」；這是內蘊之感情，因外物而引起，這是外物之形相以通內心之情，有似於感情移出說。「物以情觀」，乃通過自己之感情以觀物，物亦蒙上觀者之感情，物因而感情化，以進入於作者的性情之中；再由性情中之外物，發而形成作品之文體。此時文體中的外物，實乃作者情感、情性的客觀化、對象化；這即是感情移入說。如前所述，感情之移出移入是同時進行的，同時存在的。〈神思篇〉把這種情形稱為「故思理為妙，神與物遊」，真是言簡意賅了。由此種感情之互移，而心之與物，常入于微茫而不可分的狀態，以形成文章中主客交融，富有無限暗示性的氣氛、情調，亦即形成包含著深情遠意，盡而不盡的文體；這正是文學中的最高境界。〈物色篇〉所謂：「寫氣圖貌，既隨物以宛轉；屬采附聲，亦與心而徘徊。」正係此一意境。（18f，53～54）

在這段文字中，對於《文心雕龍》所揭示的美感過程，徐先生解得極貼切，並申述了其中兩個關鍵點：

　　1. 劉勰所揭示的自然形相與主體性的關係。

　　2. 劉勰「物色」論對《詩經》比興意義的擴大。

關於第一點，徐先生的詮釋極精采，將《文心雕龍》的「物色」觀念所涵蘊的美感經驗結構表詮出來，依徐先生的表詮，極寫物貌的文體乃是心物交融的結晶，而作品本身乃是一個象徵系統，此系統可圖示如下：

$$
\begin{array}{cccc}
支 & 焦 & & 支 \\
文辭 & \rightarrow 物貌（意象） & \leftrightarrows & 情志 \\
（寫氣圖貌） & （神與物遊） & & \\
＋本趣 & 本趣 & & 本趣＋ \\
\end{array}
$$

在此筆者借用藍博尼在《意義》一書所提出的理論來作說明。〔註 18〕藍博尼認爲給對象命名時使用的語言是一個轉悟結構，文字的功能乃是作爲指示者，居支援位置，點向它們所指歸的焦點整合，作爲支援線索的指示者通常缺乏本然興趣，具有本然興趣的是焦點注意力的對象。但是在象徵裡，我們對支援線索的本然興趣則多於焦點對象，因爲支援線索之中有關於生命的記憶和存在的整合。（參見 33，82～90）在《文心雕龍》的「物色」觀念裡，我們可以看到雙重的轉悟結構，「寫氣圖貌」的文辭對於所描寫的自然景物而言是支援線索，也是文學活動的本然興趣所在，但是在審美感興的過程中，焦點對象其實是作者心中意象，此一意象是「神與物遊」的結果，自然形相與主體情性整合爲一，這就是徐先生所說的「文體中的外物，實乃作者情感、情性的客觀化、對象化」，是主客交融的產物，因此，文學作品中「巧構形似」的藝術形相眞正的本趣，乃在於其所隱涵的作者與物相適的情志。這種心物交融的美學意蘊乃是中國抒情傳統的特質所在。

關於第二點，徐先生所謂《詩經》的比興意義，並不是兩漢經學家詮釋模式中的比興意義。事實上，力主宗經的劉勰接受了漢代經學家以政治寄託來解釋比興的內容和價值的詮釋方向，由此〈比興〉所說的「比則畜憤以斥言，興則環譬以託諷。蓋隨時之義不一，故詩人之志有二也」（10，601），可得到印證；劉勰在〈物色〉所描述的心物交融的審美感興，與經學家對比興的解釋模式無關，其中援引《詩》、《騷》、《漢賦》等以景物起情的例子，說明了當代「吟詠所發，志惟深遠，體物爲妙，功在密附」（10，694）的創作現象的根源，進而提出「是以四序紛迴，而入興貴閑；物色雖繁，而析辭尚簡」的論點，揭露了比興的美學意蘊。沿此脈絡的發展，鍾嶸〈詩品序〉對於賦比興的解說，〔註 19〕完全掃落了政治教化的理論取向，專從美感效應的層面立論，而且將比、興並舉成詞，別於「賦體」而爲二種不同的詩歌表現

〔註18〕此得自鄭毓瑜先生的啓發，鄭先生曾以藍博尼所提出的轉悟結構，說明劉勰的「形神」說，參見〈由「神與物遊」至「巧構形似」〉一文（27a，369～389）。

〔註19〕鍾嶸〈詩品序〉云：「故《詩》有六義焉：一曰興，二曰比，三曰賦。文已盡而意有餘，興也；因物喻志，比也；直書其事，寓言寫物，賦也。弘斯三義，酌而用之，幹之以風力，潤之以丹采，使味之者無極，聞之者動心，是詩之至也。若專用比興，則患在意深，意深則詞躓；若但用賦體，則患在意浮，意浮則文散，嬉成流移，文無止泊，有蕪漫之累矣！」（11，72）

模式，乃成爲往後中國詩論家以美學意義討論比興的進路。

徐先生對於比興的美學意蘊的理解極深入，他在〈釋詩的比興——重新中奠定中國詩的欣賞基礎〉一文中對比興作了如此的解釋：

> 除了賦體的直接情象之外，詩中間接的情象，是在間接情景之下發生的。一是直感的抒情詩，由感情的直感而來；一是經過反省的抒情詩，由感情的反省而來。屬於前者是興，屬於後者是比。（18f，98）

在這段文字中，徐先生指出比興不僅是寫作技巧的問題，而是與詩的本質（情感的性質）有關：一是感情的反省，一是感情的直感，不同的性質的感情運用不同的表情方式，[註20] 徐先生進一步說明「比」的抒情性質和表達方式：

> 情動以後，有時並不直接以情的本性直接發揮出來，卻把熱熱的情，經過由反省而冷卻後所浮出的理智，主導著情的活動，此時假定因語言技巧或環境的需要，而須從主題以外的事物說起，此主題以外的事物與主題之間，是經過了一番理智的安排，即是經過了一番「意匠經營」，使主題以外的事物，通過一條理路而與主題互相關連起來，此時主題以外的事物，因其經過了理智所賦予的主觀意識、目的，取得了與主題平行並列的地位，因而可以和主題相提並論，所以能拿來和主題相比。（10f，98）

以「比」的方式所表現的情感是反省後的情感，比喻結構中的喻體與喻依是並行的關係，具有較多的指示性，因此可以循理路去掌握其意義。至於「興」則具有更重的象徵意味，徐先生說：

> 興是一種「觸發」，即《朱傳》所謂的引起。其所以能觸發的是因爲先有了內在的潛伏感情；被它觸發的還是預先儲存著內在的潛伏感情；觸發與被觸發之間，完全是感情的直接流注，而沒有滲入理智的照射。在感情的直接流注中，客觀的事物，乃隨著感情而轉動，其自身失掉了客觀的固定性，同樣是花，在歡樂的人看起來在笑，在愁苦的人看了是在哭。到底是笑是哭？不是在花的本身能求得理

〔註20〕 葉嘉瑩先生對此亦有所洞見，她說：「這種觀念我以爲與中國古典詩歌之重視感發的傳統有著非常密切的關係，也就是說，「賦」、「比」、「興」三名所標示的實在並不僅是表達情意的一種普通的技巧，而更是對於情意之感發的言來和性質的一種區分。這種區分還不只是指作者的感發，更是兼指作者如何把這種感發傳達給讀者，從而引起讀者之感發的由來與性質而言的。」（25，136）

解，而是要從作者的感情中去從容玩味。興所敘述的主題以外的事物，是在作者的感情中與詩的主題溶成一片；在這裡，不能抽出某種概念，只能通過他所敘述的事物，以感觸到某種感情的氣氛、情調、韻味、色澤。（18f，101～102）

以「興」的方式所表現的情感是當下直覺的情感，以情感的直接深切，而與景物達到內外主客的交會相融，這就是中國抒情詩學所講求的美典。徐先生對於比興的美學意蘊體會極深，所以能指點出劉勰〈物色〉乃是比興觀念的承繼與擴展。

此外，在審美感興的層面上，徐先生的詮釋觀點有一個問題是必須商榷的，那就是關於創作主體的人格修養的問題。徐先生對於《文心雕龍》的「虛靜」說（〈神思〉云：「是以陶鈞文思，貴在虛靜。疏瀹五臟，澡雪精神。」），作了如此的解釋：

由虛靜地心靈所發出的活動，自即形成為美地觀照。所以虛靜之心，在此處說：乃是文學精神的主體。必須此主體能呈現時，文學的題材，始能以其原有之姿，進於虛靜地心靈之中，主客合一，因而題材得到了主觀的精神性，精神也由題材而得到了客觀的形相性。所以便形成了主客融合、統一的作品的文體。「疏瀹」、「澡雪」，是人格的修養，也正是能使文學精神得以呈現的工夫。（18f，43）

使心靈呈現虛靜的狀態，而能使題材以原有之姿進入，達到主客合一的境界，這個解釋是沒有問題的，但是，構思階段的精神修養與人格的修養是否同一呢？《文心雕龍》的思考基本上未涉及主體人格修養的問題，但是徐先生卻直接由劉勰的理論系統導出這樣的結論：

文體的高下，繫於作者人生境界的高下。……虛所以保持心靈的廣大，靜所以拔出私欲污泥之中，以保持心靈的潔白。二者皆不斷提高人生的境界，使人能以自己廣大潔白的心靈，涵融萬事萬物的純美潔白的本性，而將其加以表出，這自然可以形成物我兩忘，主客合一之象徵的文體。（18f，62）

經由人生境界的提昇，使文學作品體現更高的意境，並不是劉勰文體理論所要傳達的本懷，而是徐先生進一步順著《文心雕龍》的脈絡所作的引申闡發了。

在文體實現的層面，《文心雕龍》對於主體情性與文體構成關係的論述，從作者層次延伸到作品層次，這就是徐先生從〈體性〉和〈風骨〉來把握其

理論精義的原因。就主體的層次來說，劉勰從才氣學習四者來討論情性與文體變化的因果關係，才氣是先天的，學習是後天的，後者的提出是劉勰「體性」論異於曹丕「文氣」說的關鍵所在，強調學習，一方面避免了陷於曹丕文氣說的材質命定主義，一方面意味著他雖然承認「才性異區，文體詭繁」的事實，但仍然重視文體的客觀規範性。徐先生把握了這點，所以從才氣學習的相互作用來說明整個創造活動中，由外到內的陶染過程，以及由內而外的表現過程，他說：

> 文能成體，則全靠自己的學（習）陶染。學是把外在的東西向情性裡吸收，因而給與原始性的情性以塑造，這可以說是由外向內的過程。在此過程中，才力居於內外之中，向內則發而爲接引、消化所學的能力；向外則發爲文體構造的能力；把內外貫通起來。（18f，47）

> 陶染的過程是由外向內；而創作的過程，則是由內向外；在內的發動機是志；但志只是一點心靈的動向，要把此動向傳達出去，以成創造的力量，則不能不靠生命中的氣，所以說「氣以實志」，但氣的本身是盲目的，氣要落實在客觀上成爲表現的言辭，是要靠志與以方向的，所以說「志以定言」這樣由「志」而「氣」（包括才）而「言」的過程，即是創造文體的過程。（18f，48）

這就涉及對《文心雕龍》所說「風」、「骨」的解釋問題了，在這個學者至今爭議不休的問題上，〔註21〕徐先生自有一個解釋系統，其主要論點是：（1）風骨是作品的藝術形相，也是作品的生命節律所在；（2）風骨是由作者的氣貫注於作品中所形成的；（3）作者的氣有柔剛，所形成的風骨分別是柔的形相與嚴的形相；（4）成爲風的內容是作者的感情；形成骨的內容是以事義爲主。這樣的解釋是否圓合於《文心雕龍·風骨》的文體脈絡呢？

　　〈風骨〉全文的主旨在強調文章表現出眞情實志，然後足以感動人心，「風骨」乃作品的眞情實志具顯於文理結構上，所形成的藝術形相。所謂「《詩》總六義，風冠其首，斯乃化感之本源，志氣之符契」，「風」在《詩》六義中，與「雅」、「頌」並舉，一般稱此三者爲詩的體裁，劉勰在此則是從「風」的本質——述情吟志，肯定其爲《詩》最爲本色的作品，文學的本質在於述情吟志，文學作品的實現要求情志的有效傳達——即「風」、「骨」的形成。「風」

〔註21〕關於學者們對《文心雕龍》「風」、「骨」的不同理解，陳耀南先生在〈文心風骨群說辨疑〉一文中曾加以摘錄並予以整理檢討。（詳見23，37～72）。

是一種清朗靈動的形相，所謂「意氣駿爽，則文風清」，「意氣」指文章的辭氣，又「結響凝而不滯」，「結響」指文章的聲律，亦即是說「風」這種清朗靈動的形相乃由文章的辭氣聲調表現出來，辭氣聲調的表現正足以「述情」，所以「風」指「情」具顯於文理結構上的形相，此形相以清朗靈動為其美感特質。「骨」是一種端整挺拔的形相，所謂「結言端直，莫先於骨」，「結言」指文章的語言結構，又「捶字堅而難移」，「捶字」即鍊字，亦即是說「骨」這種端整挺拔的形相乃由文章的結構鍊字表現出來，結構鍊字正所以清楚地表達義涵，義涵由「志」所決定，因此「骨」是「志」具顯於文理結構上的形相，以端整挺拔為其美感特質。可見「風」「骨」分而言之，是由文章的不同內容、不同構成因素所體現的不同形相，合而言之，是文章內在情志通過整個文理結構所呈現的藝術性格。但是「風清骨峻」，清與峻不宜解為相對的美感範疇，如徐先生所說的「柔」與「嚴」。其次，「風」、「骨」與作者的「氣」有何關連呢？劉勰在〈風骨〉中引用曹丕的「文氣」說，明顯地承認作者的個性氣質對文體風格的必然關聯，值得注意的是劉勰並未提及氣有「剛」、「柔」之異，而是在「氣之清濁有體」的前提之下，討論作者的「才力」是否能將風骨與文采表現得恰到好處，不致「若風骨乏采，則鷙集翰林；采乏風骨，則雉竄文囿」，而論氣與風骨關係時，風骨並舉連詞，亦不曾以氣之剛柔分說風與骨。

總括以上的分析，可知徐先生對於〈風骨〉的解釋有洞見亦有不見，洞見在於強調「風」「骨」乃作品的藝術形相，是作品生命力之所在，與作者的氣有必然的內在關聯，但是此一關聯，劉勰放在「才力」的層次言，而不由氣的剛柔來說。此外，徐先生的感情事義化或事義感情化之說實在勉強，風骨與作品情志的傳達有關，從辭氣聲調言風的形成，而辭氣聲調在於述情；從結構鍊字言骨的形成，而結構鍊字所以達意（志），此與感情、事義的題材內容，或是抒情、敘事的文體性質，似乎不能相提並論。

在接受鑑賞的層面，徐先生指出《文心雕龍》以文體作為學文知音的依據，學文，涉及文體通變的問題，知音，涉及文體的鑑賞問題。徐先生對於《文心雕龍》的通變觀念予以特別的關切，在第一節中已提及，這主要是含有徐先生對時代問題的關懷，徐先生所要強調的一個觀念即是任何文體的繼承與創新，都要在傳統的脈絡中因革損益，新的文體往往是參伍傳統各種文體而創造的，他說：

> 古今無不弊之文體；因為任何偉大的文體，當其初創造出來的時候，
> 在新的體貌中，躍動著新的生命，與人以很大的感染力量，因而此
> 種文體，便成為某一時代的共同趨向，有如西漢人之對於《楚辭》。
> 但因襲太久，則此種文體的自身，便成為一種格套，使沒有真正內
> 容的作者，容易憑藉作偽。使真正有內容的東西，也局限成格套之
> 中，陳腔濫調，掩飾了內容的真面目，此時的文體，便成為一種障
> 蔽了。但每一文體之出現，都代表了文學心靈的結晶。而新文體的
> 創造，並非一件容易的事，由各體的參伍以創造新體，則所資者厚，
> 而不致陷入於任何一體之中。（18f，70～71）

在此，徐先生指出了《文心雕龍》的通變文學史觀，所謂「通變」是以通為
變，而不是像南齊蕭子顯所主張的「習玩為理，事久則瀆，在乎文章，彌患
凡舊，若無新變，不能代雄」（09。211）。這種以通為變的文學史觀，是將文
學的歷史傳統視為一不可斷裂的連續體，所有的典範轉移都在傳統中衍化，
後起的典範是對前一典範的「革命」，其實是另一種「繼承」，因為後起典範
的創立者不可能完全置身於前一典範的範限之外，當他吸收來自傳統中其他
舊典範的特徵時，不可避免地也帶進了前一典範的某些特質，典範轉移所以
成功，一方面是創造者整合之功，一方面是因為它並未完全超離共識（傳統
文化的資源）。由參伍因革而創新的文體，即是文學心靈的結晶，同時也是傳
統文化生命的延續與重新。因此，對於懇切地關懷當代中國文化前途的徐先
生來說，《文心雕龍》的「通變」文學史觀，無疑是意義深重的。

其次，關於文學作品的鑑賞問題，徐先生強調所謂「外的研究」，如作者
的傳記研究、文學作品的語言分析、文學作品的註釋等等，只能是文學研究
的補助手段，而認定：

> 文學作品，其全體與各部分之總計，是兩個東西；文學不是細部的
> 積聚；其全體的構造，要由全體構造所顯出的統一印象（即是文體），
> 才是解釋之鍵，所以從文體來研究、批評文學，才是研究批評的正
> 軌。（18f，73）

然而從文體（文學的藝術形相）來從事批評，實際上有其困難之處，建立於
心物交融關係上的文體，不能以理路指涉，只能當下直覺體悟，而不同的讀
者可能讀出不同的感受、不同的意義，作品的意義也始終處於一種既隱蔽又
無限開放的狀態，讀者如何可能「知音」呢？

> 對於美的東西，不能完全加以分析，即是不能完全依賴概念性的説
> 明，而只能直接從文學作品本身來領會作者的文體；當然是一件不
> 容易的事。所以彥和雖對於文體，提出了許多的剖析，並提供了許
> 多的實例，而最後仍只能説出「凡操千曲而後曉聲，觀千劍而後識
> 器；故圓照之象，須先博觀」的方法。博觀是要看得多，並且還要
> 看得熟。以多讀熟讀，從作品本身來認取作品的文體，這一直到現
> 在，還沒有比這更好的辨法。（18f，73～74）

在這段論述中，徐先生引用了《文心雕龍・知音》來說明文學美的鑑賞方法在
於「博觀」。然而，劉勰提出「博觀」，乃是對於鑑賞者自身文學修養的要求，
博觀所以免除因所見貧乏而來的偏見，鑑賞者須具有一定文學修養，才具備鑑
賞文章的「基礎」，有此基礎之後，「將閱文情，先標六觀，一觀位體，二觀置
辭，三觀通變，四觀奇正，五觀事義，六觀宮商，斯術既行，則優劣見矣」（10，
715），劉勰所堅持的是客觀的批評態度，所欲建立的是客觀的批評方法。姑且
不論劉勰所建立的批評方法是否具足普遍性和有效性，但其中確實有明顯的客
觀精神，而這種客觀精神顯然不是徐先生所關懷的重點。的確，客觀的態度和
方法在作品意境的領悟上終是技窮的，而強調文學的情性主體，在理論的開展
上必然導向這樣的終局：情性，是人具體的眞實存在，「文體出於情性」所蘊涵
的理論終極乃指向「理論的止境」，就創作而言，作者必須回歸內在情性的修行，
以創出自己的文體，理論系統、技巧策略都必須被揚棄；就鑑賞而言，文學藝
術作品所顯現的是存在的眞實，對作品的眞正理解是進入、體驗、同情、共鳴，
所有的文學知識、概念性的分析，在最後都必須放下，才能與作品中的生命直
接照面。換言之，理論的建構目的在於解消理論本身，這是在建構以「人」爲
核心的中國文學美學工程上，一個必須思量的根本問題。

綜合以上的討論，可以得出四個結論：

一、徐先生對文體觀念的「復活」具有鮮明的現時意義：其一在於強調
文體的研究爲眞正的文學研究，以對諍陷於文獻訓詁之學的傳統文學研究；
其二在於從風格流變的角度建立變化的文學史觀，以矯正自白話文運動以來
形成市場偶像的進化史觀。由此而言，徐先生以主體情性爲決定文體的終極
因素，自有其相應於本身歷史處境的宏識孤懷。

二、六朝文論家如曹丕、陸機、摯虞、劉勰等人，都是就何種文類該有
何種風格作文體的討論，徐先生認定文體即是文學的藝術形相性，只得劉勰

文體觀念的一個面相，而將文學與文體視爲兩個渺不相涉的觀念，尤其不符六朝文體觀念的實相，因此對明清以來文章選家以體指稱類的現象亦無法恰當地理解。

三、徐先生將《文心雕龍》文體觀念分析爲體裁、體要、體貌等三次元，認爲文體的形成乃體裁→體要→體貌昇華的歷程。可見徐先生掌握到《文心雕龍》文體觀念的辯證性架構，但是對於重要語詞涵義殊多誤解，而在整個觀念架構的解釋上，顯得左支右絀，頗有自相牴牾之處。

四、徐先生對文體與情性關係的理解大致上未溢出《文心雕龍》文體觀念的架構，「文體出於情性」確實是《文心雕龍》的核心命題之一。徐先生對於主體情性與文體關係的闡發，在人與自然、氣與風骨、通變知音等問題上，展現了精采的觀點，雖然因爲其詮釋系統的主觀態度與價值取向，略有過度解釋之處，但仍不失爲洞見。

本章引用文獻編碼

01. 《尙書・僞孔傳》：台北：藝文，1981 年八版。

02. 《晉書》，（乾隆四年武英殿本影印），上海古籍，1986 年。

03. 《世說新語箋疏》，台北：華正，1989 年。

04. 葛洪：《抱朴子》，台北：世界，1983 年。

05. 曹丕：《典論・論文》，《四部叢刊》影宋本六臣注《文選》，卷五二，收入《中國歷代文論選・上》，台北：木鐸，1981 年。

06. 陸機：〈文賦〉，同卷一七，收入《中國歷代文論選・上》，台北：木鐸，1981 年。

07. 摯虞：〈文章流別論〉，《全晉文》，卷七七，收入《中國歷代文論選・上》，台北：木鐸，1981 年。

08. 沈約：〈謝靈運傳論〉，百衲本二十四史《宋書》，卷六七，收入《中國歷代文論選・上》，台北：木鐸，1981 年。

09. 蕭子顯：《南齊書・文學傳》，百衲本二十四史《南齊書》，卷五二，收入《中國歷代文論選・上》，台北：木鐸，1981 年。

10. 范文瀾：《文心雕龍註》，台北：明倫，1974 年。

11. 王叔岷：《鍾嶸詩品箋證稿》，台北：中央研究院文哲所，1992 年。

12. 王更生：《文心雕龍新論》，台北：文史哲，1991 年。

13a. 王夢鷗：《文學概論》，台北：藝文，1982 年二版。

13b. 王夢鷗：〈曹丕怎樣發見文氣〉，《中外文學》，八卷四期，1979 年 9 月。

14. 王金凌：〈論曹丕至皎然文體觀的演變〉，收於《魏晉南北朝文學與思想學術研討會論文集》，台北：文史哲，1991 年。

15. 呂正惠：〈形式與意義〉，收入《抒情的境界》，台北：聯經，1989 年。

16. 李日剛：〈文心雕龍之文體論──文心雕龍斠詮「體性」篇題述〉，《師大學報》第二十七期，1982 年 6 月。

17. 姚一葦：《藝術的奧祕》，台北：開明，1988 年十一版。

18a. 徐復觀：《徐復觀文錄選粹》，台北：學生，1980 年。

18b. 徐復觀：《徐復觀雜文續集》，台北：時報，1981 年。

18c. 徐復觀：《論戰與譯述》，台北：志文，1982 年。

18d. 徐復觀：《中國文學論集續篇》，台北：學生，1984 年再版。

18e. 徐復觀：《中國人性論史‧先秦篇》，台北：學生，1984 年七版。

18f. 徐復觀：《中國文學論集》，台北：學生，1990 年五版。

19. 殷鼎：《理解的命運》，台北：東大，1990 年。

20. 高友工：〈文學研究的美學問題〉，收入《政府遷臺以來文學研究理論及方法之探索》，台北：學生，1988 年。

21. 陳兆秀：《文心雕龍術語探析》，台北：文史哲，1986 年。

22. 陳昌明：《六朝緣情觀念研究》，台大中文研究碩士論文，1987 年。

23. 陳耀南：〈文心風骨群說辨疑〉，收入《文心雕龍綜論》，台北：學生，1988 年。

24. 曾祖蔭：《古代文藝美學範疇》，台北：文津，1987 年。

25. 葉嘉瑩：《迦陵談詩二集》，台北：東大，1985 年。

26a. 蔡英俊：《抒情的境界‧導言》，收入《抒情的境界》，台北：聯經，1989 年。

26b 蔡英俊：〈「風格」的界義及其與中國文學批評理念的關係〉，收入《文心雕龍綜論》，台北：學生，1988 年。

26c 蔡英俊：〈曹丕《典論論文》析論〉，《中外文學》八卷十二期，1980 年 5 月。

26d 蔡英俊：〈抒情精神與抒情傳統〉，收入《抒情的境界》，台北：聯經，1989 年。

27a. 鄭毓瑜：〈由「神與物遊」到「巧構形似」〉，收入《文心雕龍綜論》，台北：學生，1988 年。

27b. 鄭毓瑜：《六朝文氣論探究》，台北：台灣大學，1988 年。

28. 錢鍾書：《談藝錄》，台北：書林，1988 年。

29. 顏崑陽：〈論文心雕龍「辯證性的文體觀念架構」〉，收入《文心雕龍綜論》，台北：學生，1988 年。

30. 羅根澤：《魏晉六朝文學批評史》，台北：商務，1976 年。

31a. 龔鵬程：《文學散步》，台北：漢光，1985 年。

31b. 龔鵬程：《文學批評的視野》，台北：大安，1990 年。

31c. 龔鵬程：《文化符號學》，台北：學生，1992 年。

31d. 龔鵬程：〈試論文學史之研究〉，收入《政府遷臺以來文學研究理論及方法之探索》，台北：學生，1988 年。

32. 韋勒克等，王夢鷗等譯：《文學論》，台北：志文，1979 年。

33. 藍博尼，彭淮棟譯：《意義》，台北：聯經，1984 年。

第五章　徐復觀對氣韻觀念的表詮

「氣韻生動」一語首見於南朝齊謝赫的《古畫品錄》，〔註 1〕謝赫在序文中說：

> 雖畫有「六法」，罕能盡該；而自古及今，各善一節。「六法」者何？
> 一氣韻生動是也；二骨法用筆是也；三應物象形是也；四隨類賦彩
> 是也；五經營位置是也；六傳移模寫是也。〔註2〕

在《古畫品錄》之前，中國古代的畫論都是托附他書而傳的，畫論中的獨立著作，以此書爲最古，而其所指出的「六法」，對於後代的影響極爲深遠，《四庫全書總目提要》說：「所言『六法』，畫家宗之，亦至今千載不易也。」（06，599）乃是不爭的事實，「六法」不僅爲畫家的創作指標，也是批評家從事實際批評的標準。

不過，「六法」隨著不同時代繪畫題材、作品風格的變遷，理論內涵亦產生變化，每一時代都有人作新解，文字雖然不變，但內涵卻不斷擴展、轉移，而原有的意義越來越模糊。這種現象在中國是相當自然的，就像石守謙先生所說的：

> 後代的批評家雖然一再援引六法，使用同樣的名詞，但其實際內涵
> 都有一些變化，經常都有新的意義加在舊的意義之上。這也是中國
> 對待傳統的典型態度，正如風格史上的「復古」一般，所謂「復古」
> 並不是要將古代的任何典範一成不變地抄襲下來。新的生命力來自

〔註 1〕關於此書的書名、著作年代及著作權問題，請參考陳傳席先生的《六朝畫論研究》，（19，179～186）。

〔註 2〕關於原文句讀的問題，詳第二節，此處依徐先生的引文。

新的解釋，董源傳統在第十三世紀末十四世紀的再生，並不是因為有許多畫家一齊來摹擬他有名的「河伯取婦」卷或其他作品，將生命力注入於此古典形式者，反而是董源根本無法想像的書法性線條，它便是趙孟頫、黃公望等大家用來解釋董源傳統的一種新的表現語言。在批評理論史上的發展正有相似的情形。（11，32）

在這樣的情形下，「氣韻生動」一語的內涵，經過一千多年的不斷累積，已承載了謝赫始料未及的豐富意涵，也遠離了歷史起點上的核心意義。

民國以來，從事中國美學或畫論研究工作的學者，對於謝赫的「氣韻生動」提出各種不同的解釋，無論對於文字的理解或觀念的詮釋，都存在著紛歧的意見，這些紛歧的意見主要是圍繞著以下三個問題而發的：

1. 「氣韻」與「生動」的關係如何；

2. 「氣韻」的意義內涵為何；

3. 「氣韻生動」與「傳神」、「形似」的關係如何；

對於上述諸問題，徐先生在〈釋氣韻生動〉一文中，都提出了其解釋觀點，與在他之前的學者〔註3〕比較起來，其研究方法別具特色，而其觀點展現了以下三個面向：

1. 追溯「氣韻」觀念在歷史起點上的特質，建構由人格審美轉向藝術審美的文化脈絡，以探究「氣韻生動」一語的源頭、根據。

2. 從考證六朝文學用語入手，證明「氣」與「韻」在謝赫的時代應各為一義：「氣」指表現於作品中的陽剛之美，「韻」指表現於作品中的陰柔之美。

3. 肯定謝赫「氣韻」觀念對顧愷之「傳神」說的承續與發展，並從形神問題上，掌握「氣韻生動」所表顯的中國藝術真實觀念。

這些觀點的精采何在？局限又何在？即是筆者所要探討的問題，本章的討論將分為以下三節來進行：一、人倫鑒識與藝術自覺；二、氣韻生動的原始意義；三、氣韻生動與山水形相。

〔註3〕在徐先生之前，討論「氣韻生動」的文章主要有豐子愷先生的〈中國的繪畫的思想〉和〈東洋畫六法的理論的研究〉、劉海粟先生的〈謝赫的六法論〉等，豐先生對「氣韻生動」的解釋近日人金原省吾，（詳見28，133～151）而劉先生引英人裴德（Pater）所說「一切藝術，都傾向音樂的狀態」，以節奏（rhythm）解「氣韻生動」（25，190～191）。這二位先生主要是以西方理論來作闡發研究，論述雖時見精義，但於中國的文化脈絡未必相切。

第一節 人倫鑒識與藝術自覺

「漢末魏晉六朝是中國政治上最混亂，社會上最苦痛的時代，然而卻是精神史上極自由，極解放，最富於智慧，最濃於宗教熱情的一個時代。因此也就是最富有藝術精神的一個時代。王羲之父子的字，顧愷之、陸探微的畫，戴逵、戴顒的雕塑，嵇康的『廣陵散』（琴曲），曹植、阮籍、陶潛、謝靈運、鮑照、謝朓的詩，酈道元、楊衒的寫景文，雲岡龍門壯偉的造象，洛陽和南朝的閎麗的寺院，無不是光芒萬丈，前無古人，奠定了後代文學藝術底根基與趨向。」（13，59）宗白華先生說得一點也沒錯，魏晉六朝是中國各類專業藝術家大量出現的時代，所謂的「藝術家」一方面指專業技術達到精緻的程度，一方面指從事藝術工作的人從「工匠」逐漸轉移到「文人」身上，從事藝術工作的人在社會上的地位受到了相當的肯定。魏晉六朝也是藝術獨立價值受到承認的時代，藝術脫離了道德規範、政教功能，純粹就「藝術」本身承認其價值，甚至承認在藝術的世界裡可以找到生命的尊嚴和存在的真理。魏晉六朝更是中國美學獨立的一個重要關鍵，藝術既有其獨立的地位，藝術本體的探索、創作規律的歸納、作品審美風格的認識……等日臻精細，當時所提出的許多觀念影響後世千年之久，「氣韻生動」即是其中之一。

謝赫所提出的「氣韻生動」，一方面是前人創作體驗的總結，一方面是中國繪畫之文人傳統的起點，乃了解中國藝術精神的一大關鍵。此一命題的成立有其文化脈絡上的重大因緣，徐先生在〈釋氣韻生動〉一文中提出「重神韻的人物鑒識→繪畫理論的『傳神』說→『氣韻生動』說」的解釋觀點，展現了精采的慧見。〔註4〕以下筆者嘗試將其觀點予以重現、說明，以凸顯其慧

〔註4〕 徐先生原先所追問的是中國藝術精神為何自覺於魏晉時代，並提出解答：「這與東漢以經學為背景的政治地實用主義的陵替，及老莊思想的抬頭，有密切地關係」，（15b，150）接著從玄學的推演和人倫鑒識的轉換來討論。筆者認為雖然徐先生對於竹林名士的生命意識與藝術性格有貼切的理解，對於人倫鑒識到藝術自覺的脈絡也有所洞識，但是在徐先生看來，魏晉玄學對於文學藝術的影響，僅在於莊學精神的生活化，而流行為魏晉藝術精神中「清」、「虛」、「簡」、「遠」等等超越的情調。這樣的理解似乎窄化了玄學對於當時文學藝術的影響，筆者認為魏晉玄學中對宇宙本體的探討啟發了文藝本體的探索，言意之辨啟發了美學中對藝術表達問題的省察，這是討論玄學對於文學藝術的影響時，不容忽視的兩個面向。關於這兩個面向。湯用彤先生的〈魏晉玄學與文學理論〉（23，305～319）、袁行霈先生的〈魏晉玄學中的言意之辨與中國古代文藝理論〉（17）、于民先生的《氣化諧和》第四章的「創作中的重本」（07，252～261），以及王葆玹先生《正始玄學》第八章（09，316～362）的討論，頗有值得參考之處。

見所在。

徐先生在〈文心雕龍的文體論〉一文中，就曾經指出：魏晉文論中的語彙多由人物品鑒的語詞轉用而來，關於這點，宗白華先生亦曾論及，他認爲人倫鑒識的直接欣賞人格個性之美，乃是尊重個性價值的表現，而「中國美學竟是出發於『人物品藻』之哲學。美的概念、範疇、形容詞，發源於人格美的評賞」，「中國藝術和文學批評的名著，謝赫的《畫品》（按：即《古畫品錄》），袁昂、庾肩吾的《書品》，鍾嶸的《詩品》，劉勰的《文心雕龍》，都產生在這熱鬧的品藻人物的空氣中。後來唐代司空圖的《二十四品》，乃集我國美感範疇之大成」。（13，61）宗先生指出了中國品鑒語言由論人轉用美學的歷史發展，而徐先生更進一步指明：人倫鑒識與藝術審美的內部聯繫，在於對人的精神的深度意識，對人的精神情致之美的欣賞，不僅是魏晉人倫鑒識的目標與內容，也決定了中國藝術的基本精神，不僅人物畫講究傳神，山水畫亦講求意境——作者精神境界的傳達。而這種內在聯繫必待人倫鑒識的藝術性轉換，才得以成立。

人倫鑒識的藝術性轉換如何完成的呢？徐先指出竹林名士乃是關鍵人物，他說：

> 人倫鑒識開始是以儒學爲鑒識的根據，以政治上的實用爲其所要達到的目標，以分解的方法，構成他們的判斷。……及正始名士出而學風大變，竹林名士出而政治實用性轉薄，中朝名士出而生命情調之欣賞特隆，於是人倫鑒識無形中由政治的實用性，完成了向藝術欣賞性的轉換。自此以後，玄學，尤其是莊學，成爲鑒識的根柢，以超實用的趣味欣賞，爲其所要達到的目標，以美的觀照，得出他們對人倫的判斷。（15b，152）

人倫鑒識的性質的轉變，其實正表示不同的「人學」的遞嬗，對人的生命內容和價值的不同認識與規定。兩漢儒學系統下的人倫鑒識，在政治實用目的的要求下，講求的是道德的風節與倫理的人格；漢魏之際，道德意識轉爲器用意識，以才性的判斷爲主；至名士出，然後由才性轉向神韻。依牟宗三先生的分析，以劉劭《人物志》爲代表的才性名理系統，本可開出藝術境界與智悟境界（參見12，62～66），但這是理論上的開出，必至名士的清光交發，然後藝術境界與智悟境界才得以在現實中開出。徐先生指出阮籍等竹林名士爲開啓魏晉藝術自覺的關鍵性人物，正是從現實因緣上立說。

　　阮籍等人的名士風流在中國文化史上代表著什麼意義呢？簡單地概括之，是人的深情的發現與人的個體的自覺。徐先生對於竹林名士的生命意識與一往情深有著貼切的體會，他如此描述竹林名士：

> 他們雖形骸脫略，但都流露出深摯地性情。在這種性情中，都含有藝術的性格。這是當時知識分子，在曹劉之爭，曹氏與司馬氏之爭，接著八王之爭的殘酷現實夾縫中，想逃避此一殘酷現實，以希望得到精神上安息之地，而又未能真正得到的結果。他們對時代、對人生都有痛切的感受。（15b，151）

魏晉名士的生命型態的確是中國歷史文化中的異數，牟宗三先生曾以「唯顯逸氣而無所成」來描述名士的人格精神，並認為這種名士人格，乃「人之內在生命之獨特的機括，在某一時代之特殊情境中迸發出此一特殊姿態」（12，70），就歷史的機緣來說，逼出名士特殊生命情調的最重要原因在於「漢魏之際死生問題的愴痛所帶給人自我生命的醒悟與自覺」。〔註5〕據景蜀慧先生〈魏晉詩人生卒年及卒因簡表〉的統計，魏晉時代（包括建安時期）比較著名且史書上記載生平較為詳備的五十四位詩人文士，而被殺而卒的共有十九人，佔 35.2%；因疾病、飢餓、憂憤、悒鬱而卒的有十五人，佔 27.8%；免官、辭官、避亂後卒的有五人，佔 9.3%；卒因不詳的有十五人，佔 27.8%。（22，7～11）這項統計中令人怵目驚心的數字，印證了《晉書‧阮籍傳》所記載「魏晉之世，天下多故，名士少有全者」（05，158）的事實。迫於現實生命的無常，緣於死生哀樂的激感，魏晉心靈的「自我」意識覺醒，進而肯定「情之所鍾，正在我輩」（04，638），阮籍的「率意獨駕」，不由路徑，車跡所窮，

〔註5〕參見蔡英俊先生的論析（26，36～52）。經由這種生命意識的醒覺，魏晉人自覺到情意自我的感性主體，扭轉了兩漢「反情以和志」的觀點，進而憬悟情性為文學的基本特質，並肯定文學藝術為他們可以寄懷、可以自適、可以安放情意自我的世界，所謂「情動而言形，理發而文見」、「吐納英華，莫非情性」（《文心雕龍‧體性》）、「搖蕩性情、形諸舞詠」（《詩品‧序》）、「文章者，情性之風標，神明之律呂」（《南齊書‧文學傳論》）等等文學基本特質的看法，都顯示了六朝文藝美學走向重情的歷史發展。關於這點，可參考陳昌明先生的《六朝緣情觀念研究》第二章第三節（20，47～55）的深入探討。另外，龔鵬程先生曾質疑緣情說是否即一特殊時代所逼出的特殊回應，進而提出緣情說的內在理路乃是由漢代的自然氣感哲學發展而來，依龔先生的論證，則抒情自我的感性主體在漢代已提出，（詳見 29，313～345）。前說從外緣描述緣情觀念的自覺，以及文學觀念的改變，後說從思想的內在理路，追索發展的線索，各有慧見而實不相悖。

輒痛哭而返」（05，158），正是深於情者對宇宙人生的至深哀感。懷著這樣的情結，他們追求新的人生理想以安頓個體的生命，或沉醉於友朋的歡會，或寄意於老莊的玄理，或縱情於山水的世界。

所以，儘管竹林名士的人生觀呈現頹廢虛無，而無所成的低調，但是他們的生命型態並不完全是非理性生命的放縱肆流，不能視之為浪漫氾濫的文人生命之「感性主體」，他們回應莊子「一受其成形，不忘以待盡。與物相刃相靡，其行盡如馳，而莫之能止，不亦悲乎」（〈齊物論〉01，56）的感慨，以「超然」的態度分析生命的本真，重新尋找生命意義的解答，阮籍幻想精神翱翔於無何有之鄉，以平衡心靈上的矛盾，嵇康以清風峻骨，實踐「越名教而任自然」的信念，雖然不同程度地改造了莊子，但皆以個體生命的清光逸氣，掃落兩漢儒生的人格典型，展現游心太玄的宇宙意識和生命情調，帶動了晉人的玄風生活方式。在他們的啟發下，晉人向內發現了自己的深情，向外發現了自然的美，他們對山水的觀照，從「比德」轉為「暢神（情）」，他們注視著山水，看見山水的存在本真，所謂的「寓目理自陳」、「適我無非親」，〔註6〕他們所看見的山水不是機械式的自然，而是充滿生機、活力與美感的本體世界，他們藉著詩畫來構成那一片生意朗發的自然，並重新獲得安頓於真山實水中的自我。可以這麼說，「美學」取代了「倫理學」成為魏晉六朝人「挽留」生命的心靈軌跡，而這個轉變始於竹林名士。

竹林名士出，而人倫鑒識的焦點由才性轉向神韻，所謂「神」乃莊學意義的人的生命本質，徐先生說：

> （《世說新語·賞譽》載東海王）所說的儀形，乃至《世說新語》的作者所說的容止，不止於是一個外面的形相，而是通過形相所表現出來的，在形相後面所蘊藏的，作為一個人的存在本質。作為一個人的存在的本質，在老子、莊子稱之為德，又將德落實於人之心。後期的莊學，又將德稱之為性。在劉劭《人物志》及鍾會《四本論》中亦稱之為性。而人倫鑒識作了藝術性的轉換後，便稱之為「神」。…德與性與心，是存在於生命深處的本體，而魏晉時的所謂神，則指的是由本體所發於起居語默之間的作用。（15b，155）

〔註6〕 王羲之〈蘭亭詩〉云：「仰視碧天際，俯瞰淥水濱，寥闃無涯觀，寓目理自陳。大矣造化功，萬殊莫不均，群籟雖參差，適我無非親。」（03，2379）「親」或作「新」。

由人之形以見之人之神，此見此知不涉理路，不用解析，而是通過形體徵象的表現以直覺意會之，因此，品鑒的是人的形體，其實是人的「神」。「神」是莊學意義的神，指由存在的本體所發出的作用，人倫鑒識之重神韻，意味著對個體存在本體的觀照，及由觀照而來的情性主體的建立與美感意識的醒覺，此時的人倫鑒識乃是人格的審美欣趣，而以玄學意味為其審美理想。正如徐先生所指出的，舉凡當時由人倫鑒識所下的「題目」，像「清」、「虛」、「逸」、「達」、「簡」、「遠」之類，都是「神」的具體內容，而這些詞彙後來亦轉移至藝術審美的領域，顯示出人物審美與藝術審美在審美理想上的一致性。

　　由人倫鑒識中的重精神、風神、神氣、風情，轉移到繪畫中，便是「傳神」這一觀念的源泉、根據；也是形成「氣韻生動」一語的源泉、根據。徐先生指出顧愷之所提出的「傳神寫照」〔註7〕即可代表由人倫鑒識而來自覺的內容，他說：

> 「寫照」，即係描寫作者所觀照到的對象之形相。「傳神」，即係將此對象所蘊藏之神，通過其形相而把它表現（傳）出來。「照」是可視的，神是不可視的，神必須由「照」而顯。但更重要的是，顧氏說此話的意思，乃認為寫照是為了傳神；寫照的價值，是由所傳之神來決定。此即是要把當時的人倫鑒識對人所追求的作為人地本質的神，通過畫而將其表現出來。神是人地本質，也是一個人的特性。必傳神，而後始盡到人物畫的藝術地真。所以「傳神」兩字，便形成了中國爾後人物畫的不可動搖地傳統。（15b，158）

這一段文字包含了二部分，一是對「傳神」「寫照」二個概念的解釋，一是將「寫照」概括在「傳神」之中，進而論斷「傳神」觀念在中國繪畫美學上的地位。後者已得學者的共識，但是前者則受到質疑。如林朝成先生認為若依徐先生的解釋，則「『傳神』與『寫照』成為目的與方法的關係，寫照是為了達到傳神的效果，寫照的價值，是由所傳之神來決定。可是在原文的脈絡中，『傳神寫照』和『妙處』應具有同樣的意涵指涉，它是用來補充說明並確定『妙處』的意義，並不具有說明方法與目的的關係。再者，如果依上面的解釋，用『寫照傳神』將比用『傳神寫照』更為順當自然」，林先生更進一步指出『『照』即是『神』表現於外的形相特質，它難以用認知活動的方式把握，

〔註7〕《世說新語・巧藝》：「顧長康畫人，或數年不點睛。人問其故，顧曰：「四體妍蚩，本無關於妙處，傳神寫照，正在阿堵中。」（04，722）

需依賴於直感的領悟，故稱爲『照』。那麼『寫照』，即畫出人物的『神』的形相特質，畫出人物的『神』的動相。『照』並非單純外在的形相，而是『形』、『神』合一的『妙處』，『傳神』、『寫照』一爲體，一爲用，兩者並非方法與目的的關係，因此『傳神寫照』才可以簡稱爲『傳神』，以概括『寫照』的意涵。」（14，94～95）林先生從考察當時的用語來證明「寫照」之「照」指形神合一的妙象，說解極爲謹嚴，不過林先生對於徐先生的質疑，似乎可以再作商榷。

徐先生在觀念的理解上應當是沒有問題的，只是徐先生用語常含有多層次的意涵，例如他用「觀照」，即含有一般的「觀看」義，以及屬於直覺體悟以洞見本質的「直觀」義（詳見〈中國藝術精神主體之呈現〉一文），而他所說的「形相」，有時指一般所謂的外形、外觀，有時則指形相及形相所含有之神味。在〈釋氣韻生動〉一文中，徐先生對於傳統思想有更進一步的解釋：

> 藝術地傳統思想，是由作者向對象的深入，因而對於對象的形相所給與作者拘限性及其虛僞性得到解脫所得的結果。作者以自己之目，把握對象之形。由目的視覺的孤立化，專一化，而將視覺的知覺活動與想像力結合，以透入於對象不可視的內部的本質（神）此時所把握到的，未嘗捨棄由視覺所得之形，但已不止於是由視覺所得之形，而是與由想像力所透到的本質相融合，並受到由其本質所規定之形；在其本質所規定之外者，將遺忘而不顧。（15b，195）

徐先生指出「照」乃是由「傳神」來規定的，「寫照」即描寫傳神的形相，此形相乃主體之神深透（「觀照」）對象內在本質（對象之神）所「發現」（「想像」）的融神之形，此與林先生所謂「形」、「神」合一的「妙象」，意涵當無二致。

第二節　氣韻生動的原始意義

對「氣韻生動」的語的意義分析，首先涉及的是原文句讀的問題，不同句讀方式會導致語義理解的差異。檢索一下當代學者的論述，可以發現「氣韻生動」一語至少有二種斷句、五種讀法：

1. 「氣韻」與「生動」不連讀，且二者之間爲異種概念的並列關係，亦即將「一氣韻生動是也」讀爲「一、氣韻、生動是也」，若譯爲現代語言則爲

「第一法就是氣韻和生動」。但如此一來，六法便成了十二法了，這樣的句讀實在不妥。〔註8〕

2.「氣韻」與「生動」不連讀，而二者之間爲同體概念的並列關係，亦即將「一氣韻生動是也」讀爲「一、氣韻，生動是也」，譯爲「第一法氣韻即是生動」。錢鍾書先生認爲應當如此斷句，並指出四個字連讀是沿襲了張彥遠的失誤（指省略了六個「是也」），他說：

> 脫如彥遠所讀，每「法」胥以四字儷屬而成一詞，則「是也」豈須六見乎？祇在「傳移模寫」下一之已足矣。文理不通，固無止境，當有人以爲四字一詞，未妨各系「是也」，然觀謝赫詞致，尚不至荒謬乃爾也。且、一、三、四、五六諸「法」尚可牽合四字，二之「骨法用筆」四字裁搭，則如老米煮飯，捏不成糰。蓋「氣韻」、「骨法」、「隨類」、「傳移」四者皆頗費解、「應物」、「經營」二者易解而苦浮泛，故一一以淺近事之詞釋之。（27，1353）

錢先生所提出的理由中，所謂詞之「費解」、「易解」恐怕是以今臆古，據學者的共識，「六法」在謝赫之前已有雛型，或已具備，〔註9〕所謂「氣韻」等等在當時殆爲人所知悉，謝赫似乎不必爲了詞語本身的「費解」而自許爲解人，「一一以淺近切事之詞釋之」。如果依這種斷句來理解「氣韻生動」，則氣韻就是生動，生動即爲「生」命「動」作（27，1353），如此一來，「氣韻」實爲一般概，其獨特的意涵被抽掉了。這是否就是謝赫的「原意」呢？雖然錢先生的讀法受到不少學者的認同，〔註10〕但是筆者仍持保留的態度。

3.「氣韻」與「生動」連續，視「氣韻生動」爲一整全的觀念語詞，其中「氣韻」與「生動」有因果關係，「氣韻生動」意謂「因氣韻而生動」。豐子愷先生即持這種看法，他認爲應物象形、隨類而賦彩⋯⋯，所以氣韻生的和骨法用筆，也可以解作因氣韻而生動，因骨法而用筆，「如果解作因氣韻而生動，生動就變成氣韻的動作，故生動是氣韻的標徵。則生動與氣韻，是指

〔註8〕　筆者未見專論此說者，僅見豐子愷先生的文章反對此說（參見28a，151）。

〔註9〕　徐復觀先生（參見15a，146）、陳傳席先生（參見19，200）、高木森先生（參見18，126）等皆持是說。《古畫品錄》中說「（宗）炳明於六法」，可證明「六法」是前人創作體驗的總結，非謝赫所獨創。

〔註10〕　持贊成態度的如石守謙先生（參見11，33）、陳傳席先生（參見19，190）等，亦有學持反對的意見，如葉朗先生（參見24，215～216）、云告先生（參見08，123）等。

同一物的。」豐先生又引清‧方薰《山靜居畫論》所謂「氣韻生動，須當以生動二字省悟。能會生動，氣韻自在」為其佐證。（28a，151）豐先生的解釋語意層次有些模糊，所引方氏論點顯然是就鑑賞的角度發言的，「生動」為「氣韻生動」一語的主體，而其所謂「因氣韻而生動」乃就創作的角度而言。再者，既然氣韻與生動有因果關係，又怎能是同一物呢？

4. 「氣韻」與「生動」連續，視「氣韻生動」為一整全的觀念語詞，其中「氣韻」與「生動」有從屬關係，「氣韻生動」意謂「含有氣韻的生動」。劉海粟先生即採用此解，他說：

> 氣韻生動是整個的名詞，不能分開來講的。至多說，含有氣韻的生動，或瀰漫著氣韻的生動。實際上宇宙間的生動無處不瀰漫著氣韻，氣韻必然托著生動而表顯的。要是像以上五法那般用一外國語來代替，我們用節奏（rhythm）一語，已很適當。（25，190）

宗白華先生也曾說，中國人的空間意識是「音樂性」的，而不是「幾何性」的，這種空間意識形成藝術意志，使中國人不以西方人所謂的透視原理構成畫面空間，所以「折高折遠自有妙理」，全幅畫面所表現的是大自然的節奏與和諧，「畫家的眼睛不是從固定角度集中於一個透視的焦點，而是流動著飄瞥上下四方，一目千里，把握全境的陰陽開闔高下起伏的節奏」。（13，28）這個觀點固然直道中國山水畫傳統的精蘊，但是在歷史起點上的「氣韻生動」是否即涵有如此的意義呢？這必須深入探究「氣韻生動」的語意層次是否涉及氣化和諧的宇宙論脈當，然後才能下定論。

5. 「氣韻」與「生動」連續，視「氣韻生動」為一整全的觀念語詞，「氣韻」是主語，「生動」是謂語，「生動」是用來敘述氣韻的效果的。徐先生對於「氣韻生動」的解釋即採取此說，他認為「氣韻」的觀念以「生氣」為其基柢，而生動是就畫面的形相感覺而言，生氣則是就畫面的形相以通於其內在的生命而言，生動的含意深度不及生氣；有氣韻一定會生動，但僅有生動，不一定會有氣韻。徐先生引張彥遠所謂「至於鬼神人物，有生動之可狀，須神韻而後全」加以申述：

> 神韻是一個人的本質的顯現；本質的顯現，才是人的生命力的顯現，所以生動須神韻而後全，這也說明了氣韻才是此一詞中的決定者。
> （15b，191）

在徐先生的理解中，強調氣韻的主體意義，因此，認為氣韻是主，生動是從，

「生動」一詞沒有獨立的意味。如此一來，忽略了謝赫強調作品表現的客觀精神，於謝赫本意而言，亦是有隔。這在下文探討徐先生對於「氣韻」意義的解釋時，當作進一步的反思。

徐先生對於「氣韻」的分析詮釋，含有三個層次，第一個層次是文字的理解，徐先生就當時文學用語及重要史料文獻，歸納「氣」、「韻」二詞的習慣用法，得出二詞各為一義，氣有廣狹二義，廣義的用法如曹丕《典論・論文》的「文以氣為主」，指「人的生理的綜合作用所及於作品上的影響」，狹義的用法指「由作者的品格氣概，所給與作品中的力地、剛性的感覺」，前者是整全的氣的觀念，後者由前者分化出來；至於「韻」是「當時在人倫鑒識中所用的重要觀念，指的是一個人的情調、個性上，有清遠、通達、放曠之美，而這種美是流注於人的形相之間，從形相中可以看得出來的。把這種精神形相融的韻，在繪畫上表現出來，這即是氣韻的韻」。第二個層次是觀念的條貫，徐先生認為「氣」、「韻」都發於人內在的生命特質，人內在的生命力及由此所形成的形相，都包括在一個氣字的觀念之內，所以氣韻的韻也應當包括在氣的觀念之內。人之氣與由玄學的教養而來的神結合為一統一體，通過外在形相表現出來，此形神相融的形相即是顧愷之的「傳神」說所要求的，人的神有剛柔之異，表現出來的而有神氣、神韻之分，作用於作品，形成兩種剛柔對極的形相之美，即為謝赫「氣韻」說的氣、韻。因此氣韻說是傳神說的精密化、清晰化。第三個層次則是就整個中國山水畫傳統的基本精神，說明氣韻觀念所涵有的美學旨趣。前二個層次所探討的是氣韻觀念在歷史起點上的原創意義，徐先生提出了不少先發之見，但是筆者認為其中有幾個問題值得再思考、討論：

首先，就文字的理解而言，徐先生指出謝赫所說的氣韻，由人倫鑒識中對人的氣度、風神的把握而來，且在人倫鑒識的使用加上了某種特殊的美感質性，在這方面的分析上，徐先生的確展現了深銳的學術眼光，其觀點幾乎已成為後來學者的共識。但是必須商榷的是：在謝赫的《古畫品錄》中，氣韻是否表徵了剛柔兩種美感質性？

我們嘗試羅列出《古畫品錄》中使用氣、韻的文字來加以考察對證：

1. 雖不說備形妙，頗得壯氣。（衛協）
2. 風範氣候，極妙參神。（張墨、荀勗）
3. 神韻氣力，不逮前賢。（顧駿之）

4. 體韻遒舉，風彩飄然。（陸綏）

5. 力遒韻雅，超邁絕倫。（毛惠遠）

6. 雖氣力不足，而精彩有餘。（夏瞻）

7. 情韻連綿，風趣巧拔。（戴逵）

8. 雖略於形色，頗得神氣。（晉明帝）

9. 非不精謹，乏於生氣。（丁光）（19，194～198）

在這九條文例中，「風範氣候」相當於風氣，與神氣、神韻、生氣，均可視為氣韻的代用詞，〔註11〕並沒有明顯的陰陽剛健之分。「壯氣」、「氣力」等指有力感或質感的氣，表現出剛健之美，應該是沒有問題。「情韻連綿」的確表現出陰柔之美，不過，「體韻遒舉」，舉解作「飛揚」，強勁的形體飛揚的韻致；「力遒韻雅」，雅者正也，力感遒勁韻致雅正，說此二者所表現的是陰柔之美，實在勉強。其次，再就當時文獻用語來看，「風韻遒邁」、「清韻疏剛」、「神韻沖簡」……等屢見不鮮，韻有高尚、清雅、通達、放曠等等，實非「陰柔」一格可以概括。因此，筆者認為氣、韻二字在人物或藝術品鑒中，固然承載了不同的美感特質，但不是如徐先生所斷言的各具剛柔的審美意涵，我們可以把握的是：氣指一種充實的力感，韻指一種靈動的狀態。〔註12〕二者都是

〔註11〕 參見陳傳席先生對「風範氣候」的注解（19，208）。

〔註12〕 在徐先生的基礎上，學者接受氣、韻來自人倫鑒識，且各為一義的觀點，但是對於氣、韻概念的理解仍有歧義，例如陳傳席先生認為：「氣和韻本是玄學風氣下人倫鑒識的名詞。在當時，用氣（或同於『氣』的『骨』、『風』）題目一個人，大都是形容一個由有力的、強健的骨骼基本結構而形成的具有清剛之美的形體，以及和這種形體所相應的精神、性格、情調的顯露。用『韻』去題目一個人，本義指人的體態（包括面容）所顯現的一種精神狀態，風姿儀致，而這種精神狀態，風姿儀致給人以某種情調美的感受。」（19，200）陳先生區分氣、韻，乃以骨骼結構言言（風骨），以體態（面容）言韻，這種說法自有其本，魏晉人倫鑒識的用語多來自骨相，骨、肉、筋、氣、血等概念的移植有很明顯的較跡。但是移植後的概念內涵，逐漸脫離了原有的肉體骨架、感官形式上的意義，而用來比喻由天性本質、精神意氣在觀看者眼中所凝聚成形，體現於當下的風氣、神姿。陳先生從骨骼架構所形成具清剛之美的形體來談氣韻之氣，以及面容體態談氣韻之韻，顯然未注意到六朝觀人的焦點已人的靜態結構性轉變到動態功能性的脈絡。再者，依《古畫品錄》原文脈絡，所謂「雖不說備形妙，頗得壯氣」、「雖略於形色，頗得神氣」、「非不精謹，乏於生氣」、「風範氣候，極妙參神，但取精靈，遺其骨法」等，可證氣韻非關形色骨法，而是作品對象生命在作者主觀感知下所體現的的質性、活力與情調姿態，氣以言其生命質感，韻以言其神情姿態，前者重力感，後者重律動，二者表現成功即為生動。

作品本身形相所表現者，但是決定形相表現的終極因素在於作品所描繪的對象（畫面化的對象，非存在於現實中的實物）呢？還是作者呢？這是我們要思考的第二個問題。

徐先生對《古畫品錄》中的氣韻，有不同的判斷，出現了明顯的矛盾，茲列出其中數則於下：

1. 謝赫的《古畫品錄》，只是就作品而言氣韻，不曾把氣韻的觀念，應用到作品對象的人物自身上去。（15b，179）

2. 謝赫說，陸探微的「窮理盡性，事絕言象」，是把對象的氣韻徹底表現了出來，以成其作品的氣韻。（15b，180）

3. 曹不興僅因一龍之風骨，即列入上品。（15b，197）

我們可以清楚地看到第 2、3 條的解釋與第 1 條的判斷是矛盾的。其次，徐先生斷定謝赫的「氣韻」的觀念是顧愷之的傳神觀念的精密化，他解釋說：

> 氣與韻都是神的分解性的說法，都是神的一面；所以氣常稱爲「神氣」，而韻亦常稱爲「神韻」。若謂一般地形貌爲第一自然，則形神合一的「風姿神貌」，亦是這裡所謂氣韻，是人的第二自然。藝術之美，只能成立於第二自然之上。當時的人倫鑒識，所以成爲藝術地人倫鑒識中，正在於藉玄學——莊學之助，在人的第一自然中發現了這種第二自然。顧愷之所說的「傳神」，正是在繪畫上要表現出人的第二自然。而氣韻生動，正是傳神思想的精密化，正是對繪畫爲了表現人的第二自然提出了更深刻地陳述。（15b，178）

顧愷之的傳神說相當於人倫鑒識中的「見貌徵神」，繪畫上所描繪的形貌是形神合一的第二自然。那麼氣韻作爲神的一面，當然也是指作品對象的第二自然。徐先生也提及「作品中的氣韻，是來自作品對象的人的氣韻」但是他又強調「作品並非完全由客觀的對象所規定，而主要是由作者的性格所規定。」（15b，179）。依徐先生的說法，則謝赫的「氣韻」既是作品對象的氣韻，又是作者或剛或柔的性格流注於作品中所表現的形相？

謝赫的「氣韻」觀念究竟就何者而言，從其原文脈絡並不難理解。在上述九條原文中，由所謂「雖不說備形妙，頗得壯氣」、「雖略於形色，頗得神氣」、「非不精謹，乏於生氣」、「但取精靈，遺其骨法」等，可知氣韻乃是作者所「得」所「取」的對象之生命本質，而不是由作者之氣所決定的作品的形相（style）。從作品中對象的生命本質言氣韻生動，這是將創作視爲一「寫

生」的過程，〔註13〕所謂「寫生」不是摹仿，摹仿所呈現畫面「即」對象的「切似」關係，寫生著重寫照，呈現畫面「似」對象的「形似」關係，「似」意味著畫面與對象的不一致關係，此不一致關係即是價值的差異，對象畫面化之後價值增大，何以如此？這是因爲畫面上的對象是通過了作者的對象，此對象在作者的意向活動中，形量減少了，價值卻增大了，作者的意向活動本身就是一種對「深處之生」的解釋與創造，畫面化的對象因此從第一自然轉向第二自然，第二自然是「深處之生」的展現，此爲謝赫所謂「氣韻生動」。可見徐先生所謂「氣韻生動，正是傳神思想的精密化，正是對繪畫爲了表現人的第二自然提出了更深刻地陳述」的理解是正確的。但是，一涉及作者層面，徐先生強調作者才性乃決定作品形相的終極因素，便不切合於主張「寫

〔註13〕「寫生」是一個含有多種不確定意義和語感的術語，此處的用法參見豐子愷先生〈東洋畫六法的理論的研究〉一文中的討論（28，164～165）。筆者在此要特別強調「寫生」與「寫實」的不同，對於高木森先生認定謝赫爲「寫實主義」的觀點持相當保留的態度。高先生認爲魏晉六朝是中國藝術思想從神仙藝術走向古典佛教藝術的轉型期，當時的藝術風格有新舊互相競爭，互相交融的現象，其中來自印度、中亞的技法對本土風格並無必然的影響，最主要的影響可能是對形象的新看法，也就是對藝術形式的新要求，印度、中亞的藝術作品較重視體力與體氣的描寫，以寫實爲主，影響到本土的繪畫，產生了重視人物肌理、骨架的把握的寫實風格。在新舊轉型的時期，傳統的形式爲了生存就會謀取自我改造的方式，而超越剛過時的形式而謀取古老的風格，再使之與在步步高升的新風格相結合，東晉時代這類既復古又創新的畫家之中當以顧愷之爲代表，他所拈出的「神」帶有「俯仰自得，游心太玄」的玄學意味。與傳神說相對的藝術風格及理論，是以謝赫爲代表的寫實主義者，其重視的繪畫理念是「窮理盡性」，理、性是真正落實到客體本身的血肉感情，而神是超乎血肉之軀的神秘飄忽的所謂形上概念。（參見18，104～110）在高先生的論述中，有一基本預設：畫家的畫風與畫論相表裡，他從謝赫的創作風格中得出其爲寫實主義者，遂以其畫論的基本理念必然主張寫實，注重作品對象肌理、骨架的把握，而與顧氏（及後來的姚最）所主張的神韻精靈相對壘。這樣的理解是有待商榷的，第一、顧氏的傳神說並不排斥形似；第二、謝氏的畫風固然重形似而未盡氣韻生動之致，但不代表其畫論必然以肌理爲重；第三、《古畫品錄》中的評語應可代表謝氏對繪畫的理念及評價標準，那麼，他對於不備形妙、遺其骨法、略於形色而能得氣韻的畫家評價甚高仍是事實。第四、「窮理盡性」之下，尚有「事絕言象」，既要絕言超象，理、性解作客體本身的血肉感情，於文理不通。筆者認爲謝氏本身的畫風不足以代表其創作理念，畢竟創作理想與實踐之間有一段距離，因此，即使魏晉南北朝確實存在著新舊藝術風格互相競爭的現象，以謝氏的「性理」與顧氏的「神韻」對壘的說法仍是不能成立的。相反地，從理論本身可看出謝氏氣韻說對於顧氏傳神說的繼承，並且帶有更重的本體意味。

生」主義的謝赫的本意。在「寫生」的過程中，作者當然以其創造力、解釋力而居於重要的地位，但是作者的創造力、解釋力表現於「意向」，而非「意」，至於作者的意向活動如何深入對象的深處，在謝赫的論述中並未顯題化，他對於繪畫的品評，顯然已指向作品本身，從作品本身的客觀表現進行品鑒，我們實在很難察覺其中含有對作者因素的考慮。

如果我們細察謝赫的品評，可以發現其所品評畫家的作品，題材不限於「人」，而更有鬼神龍馬、桂枝蟬雀等，而「氣韻生動」居於「六法」之一，應是對任何繪畫的普遍要求。由此，我們不妨推論：隨著繪畫製作的繁榮與精進，繪畫題材明顯地擴增，而無論是人、動物、植都以達致「氣韻生動」為繪畫形相的最高表現，「氣韻生動」由人之神而來，但逐漸不限於「人」，而指向宇宙之間能表現生機的萬有，包括沒有生命的山水。山水本無生命，而能表現氣韻生動，無寧是作者對宇宙本體的通透後，形成的意境的象徵，應用到山水畫中的氣韻觀念，明顯地涵有主體的關切，但是這實在不是氣韻觀念在歷史起點上的原創意義所能概括的。徐先生在表詮謝赫的「氣韻」觀念時，對作者因素的過度強調，使他忽略了謝赫的客觀精神。

最後，在徐先生對「氣韻」的意義分析中，尚有一個問題需要商榷，那就是「氣」的觀念是否與形上概念有關的問題。徐先生以「生理的生命力」解謝赫的氣韻觀念，因此極力強調「凡是一切形上性的觀念，在此等地方（按：指文藝術藝）是完全用不上的」（15b，163）。依此觀念，徐先生認為謝赫「氣韻生動」的氣韻、「窮理盡性」的性情、顧愷之「傳神」的神、宗炳「質有而趣靈」的靈，乃至蘇東坡〈淨因院畫記〉中所說「常理」，都是指出自然的生命構造，及由此自然的生命構造而來的自然的情態而言。（15b，359～360）徐先生所說的自然，乃是意味其不借助「他者」的力量，但憑內在的律動機能，而成其為如此的意思，因此不涉及實在形相上學中作為宇宙規律的總和、萬物存在萬後根據的本體概念。雖然如此，但是以「生理血氣」來解釋這種自然的「氣」（神、靈、理等），其實混淆了體（形上）用（存在意義的形下）關係所涵攝的「形下」，和純具象經驗意義的「形下」，［註14］而忽略了中國

［註14］關於形上形下兩個層次，以及「形下」一辭可能具有的兩種語意，參考傅偉勳先生的〈哲學探求的荊棘之路〉一文（21，43）。徐先生對體用關係所涵攝的存在意義的「形下」與純具象經驗意義的「形下」時有混淆，正是其「心——形而中學」理論困境的核心問題。

文化脈絡上，「道」所賦予「藝」的深度。在謝赫的畫論中，人具體存在之理（性、氣、韻、神）乃「絕事言象」者，已說明氣韻已不是純具象經驗意義的概念，創作達致「氣韻生動」，謝赫許爲「極妙參神」，已透露了與宇宙生命共其節奏的消息，因此，筆者認爲徐先生完全以「生理血氣」斬斷「氣韻生動」在體用關係所涵攝下的存在意義，恐非謝赫本意。

至於謝赫的本體概念的內涵及其基源爲何，則並未有其理論中顯題化。葉朗先生曾就這個問題提出其觀點，他肯定魏晉南北朝「氣韻生動」的美學正是阮籍、嵇康、楊泉等人元氣自然論哲學的影響下產生的，他分析「氣」爲一個美學範疇，其涵意主要有三個方面：

1. 「氣」是概括藝術本源的一個範疇。
2. 「氣」是概括藝術家的生命力和創造力的一個範疇。
3. 「氣」是概括藝術生命的一個範疇。（24，218～219）

「氣韻生動」的命題表明了第三方面的「氣」的涵義，「氣韻」的「氣」應該理解爲畫面的元氣，而這種畫面的元氣既是宇宙萬物的本體和生命，也是人物（藝術所描繪的對象）「風姿神貌」的本體和生命，同時也是藝術家的生命力和創造力的總體的概括，它不僅是藝術所要描繪的客體，如果把「氣韻生動」單單解釋爲表現人的精神氣質、格調風度，而同整個宇宙的元氣、藝術家本身的元氣割裂開來，顯然偏離了魏晉南北朝美學的元氣論，偏離了「六法」的本義。（24，222）作爲一位畫論家受到時代思潮的影響是很自然的，但是基於個人的觀點，卻未必與思潮主流相應，何況魏晉六朝的本體哲學又不只元氣自然論一路，因此對於葉朗先生的「推論」，筆者持保留的態度。

綜合以上的討論，我們可以得出以下的結論：

1. 謝赫的氣韻觀念，正如徐先生所指出的氣、韻各爲一義，而且來自人倫鑒識的語彙系統，並承續傳神說而發展。
2. 徐先生指出氣韻乃作品通過形相表現出來的，這是了解中國藝術的形相世界之重要關鍵，徐先生於此有宏識深見，值得肯定。
3. 氣韻固然是通過形相而表現，但是並無明顯的剛柔之分，徐先生以剛柔兩種對極的形相來說解氣韻，不切合謝赫的本意。依謝赫本意，所強調不是氣與韻的辯證關係，而是氣韻與形似的辯證關係，關於這點，事實也是徐先生所著力闡發的，（詳見下一節的討論）但是徐先生以剛柔說解氣韻，極易模糊問題的關鍵所在。

4. 謝赫對於氣韻的判斷顯然以作品中的對象爲主，具有寫生主義的傾向與注重作品的客觀精神，徐先生以作者因素作爲形相表現的終極規定者，實爲後來山水畫成爲文人個人情感意念的體現之後，才出現的觀念。

5. 以後來氣韻向主體因素的轉向而言，徐先生以曹丕《典論・論文》的氣性觀念來說解，也忽略了曹丕提出「文以氣爲主」時，強調的是個人先天氣質的定性，而非關切徐先生本人一再強調的主體的精神性和人格修養的問題。

第三節　氣韻生動與山水形相

「傳神」說的提出，標誌著中國繪畫受到文人認同，脫離工藝的層次，轉向講究精神性的藝術層次，並表徵著中國藝術眞實觀的自覺——肯定「神是人與物的第二自然，而第二自然，才是藝術自身立腳之地」（15b，195）。這種以對象之神爲藝術之眞的觀念並非是魏晉時代的新變，向前追溯的話，在《莊子》和《淮南子》等著作中可以找到觀念的內在聯繫，〔註 15〕只是隨著魏晉藝術的自覺，在魏晉繪畫藝術的理論思考中，藉著藝術形相與客觀事

〔註15〕徐先生曾指出在戰國時代的藝術活動，已脫離了由彝器花紋所表現的抽象的、神秘的藝術，轉向追求現世的、寫實的藝術，但是基本上它是人們對大自然進行理性除魅的時代精神的覺醒，魏晉藝術精神普遍覺醒以後，「傳神」思想成爲中國繪畫美學對藝術眞實的主要觀點。（詳 15b，194）對於魏晉以前中國藝術眞實觀的演變，徐先生未作一整體脈絡的溯流探源，而僅提及一度出現寫實藝術，如此一來，極易讓人誤會：魏晉的「傳神」思想是中國藝術眞實觀具有決定性的新變，而忽略了在魏晉以前中國上古時代的藝術活動中，寫實的因素始終不被重視，甚至一直都有超越寫實的傾向，而且，從先秦兩漢的哲學著作中，可以看到與魏晉傳神觀念的內在聯繫，如《莊子・漁父》有云：「孔子愀然曰：『請問何謂眞？』客曰：『眞者，精誠之至也。不精不誠，不能動人。故強哭者雖悲不哀，強怒者雖嚴不威，強親者雖笑不和。眞悲無聲而哀，眞怒未發而威，眞親未笑而和。眞在內者神動於外，是所以貴眞也。……禮者，世俗之所爲也；眞者，所以受於天也，自然不可易也。故聖人法天貴眞，不拘於俗。……』（01，1031～1032）這種「法天貴眞」的原則應用於藝術創造上，則要求藝術之眞出於主體「受於天」的眞性情，師法造化、順任自然，以達到以天合天、游刃有餘的境界。另外，《淮南子・說山訓》有云：「畫西施之面，美而不可悅；規孟賁之目，大而不可畏；君形者亡焉。」（02，281）《淮南子》吸收了《莊子》的眞實觀，並首次從形神的關係，開拓了藝術眞實觀的新思路。魏晉畫論對於形神問題的討論，基本上是此一脈絡的發展，不完全是魏晉藝術思想的新變。

物之間關係的探討而顯題化，並成為爾後中國繪畫的一大傳統。藝術眞實的觀念直接影響了藝術表現的大風格，從中西藝術的比較中，我們可以看到中西方藝術大風格的迥異，以人物畫而言，中國從未出現以解剖學的理性分析掌握人物形體之眞的理論和實踐，究其原因，非關技巧的問題，而是因為中國畫家所認同的藝術眞實觀乃是以對象之神為對象之眞。

在這個基本觀點下，中國繪畫要求作品的最高境界是「氣韻生動」，「氣韻生動」本指人物畫中的對象呈現出生命的力度和動感，後來應用於山水畫中，其觀念架構不斷擴增，〔註16〕不僅指作品中的對象能呈現生命力度和動感，也指作品整體表現的美感境界，以及作者本身生命意境的展現。從人物畫論到山水畫論，「氣韻」這個具有歷史經驗性格的觀念所揭示的美感經驗的理論架構，顯然有了核心問題的轉移，謝赫時代的人物畫言氣韻，核心問題並非是作品所表現的氣韻與作者的氣韻的同質性，作者在創作過程中的重要性在於他是一個發現者，他對作品的影響主要是創造力的深淺，而非個人的精神意境（雖然，並未否定精神意境愈高者發現力、創造力愈高），氣韻觀念的理論架構擴展向主體生命與對象、作品的相冥合，乃是在山水畫興起以後發展出來的。〔註17〕

〔註16〕徐先生將之歸納為四點：（1）山水畫言氣韻多偏韻一義，而以「氣勢」一詞代替氣韻的氣，指的是畫面各部分的互相貫注，以形成畫面的有力的統一。（2）由傳人物之神轉變為傳山水之神，山水之神指的是人可遊可居可寄懷的「精神聚會」。（3）氣與韻，在技巧上，本是對用筆的要求，自唐代「水暈墨章」興起以後，在山水畫中，常在筆上論氣，在墨上論韻。（4）山水畫中的氣韻講究「淡」、「清」、「遠」、乃至「虛」、「無」之妙境，以虛無見氣韻，這是人物畫所未曾到達的極詣。（詳見15b，183～190）

〔註17〕山水畫興起於晉末，在人物畫盛行的時代，山水只是作為背景而已，到了晉末才逐漸獨立為表現的題材，山水獨立為表現的題材，這在中國藝術的發展有其重大的意義，一般學者對於山水畫或山水詩的興起，大致持著這樣的看法：山水畫（詩）乃是表達自然造化之功、宇宙生命本體更好的媒介物或導體。例如湯用彤先生認為：「繪畫重『傳神寫照』，則已接於精神境界、生命本體、自然之美、造化之工也。但自人物品藻多用山水字眼，據《世說・賞鑒篇》載：李元禮（膺）如勁松風下；邴原如雲中白鶴……故傳人物之神向以山水語言代表，以此探生命之本源，寫自然之造化。而後漸覺悟到既寫造化自然用人物畫，而人物品藻則常擬之山水，然則何不畫山水更能寫造化自然？因此山水畫法出焉。……晉人從人物畫到山水畫可謂為宇宙意識尋覓充足媒介或語言之途徑。蓋時人覺悟到發揭生命之源泉、宇宙之奧祕，山水畫比人物畫為更好之媒介，所以即在此時『老莊告退，而山水方滋』。晉人到此發現了這種更好的媒介，故不但用之於畫，而且用於之於詩，而山水詩興

山水畫的興起最重大的意義在於，那因為人們的造作，而退出人類存在第一處境的自然，再次回到人們的眼前，人以山水的美、自然的清新娛悅耳目，同時經由一新耳目的感受直指生命的原始本真。此一觀照方式與觀照人物之神的方式，有著根本的差異：自然比人更直接地體現了存在本真，對山水的窮觀極照，更能擴大、深化主體的審美體驗：觀照的主體自身擴大了情意我的格局，觀照的視域向自然、天地、宇宙作無限的延伸，人的存在藉此一觀照方式向客觀世界開展充實，而客觀世界經由此一觀看方式體現其真實存有，換言之，人不再是言說的中心，自然於人不再是「比德」的工具，而是「暢神」的所在。這種人與自然的關係，不就是莊子的「物化」嗎？玄學中莊學精神對山水畫的啟發，正在於觀物方式的改變，徐先生如此解釋晉人的「以玄對山水」：

> 以玄對山水，即是以超越於世俗之上的虛靜之心對山水；此時的山
> 水，乃能以原有之姿，進入於虛靜之心的裡面，而與人的生命融為
> 一體，因而人與自然，由相化而相忘；這便在第一自然中呈現出第
> 二自然，而成為美地對象。……中國以山水畫為中心的自然畫，乃
> 是玄學中的莊學的產物，不能了解到這一點，便不能把握到中國以
> 繪畫為中心的藝術的基本性格。（15b，236）

因為「以玄對山水」，人與自然得以相化相忘，山水在情意我的觀照中呈現其存在的本真，而藝術家一方面為山水傳神，體現自身對世界的「看法」，甚至逸筆

焉。」（23，313）王瑤先生在〈玄言、山水、田園〉一文中，也認為玄言詩和山水詩在本質上可以相通，不過王先生對於發展的脈絡，不是從人物品藻的品鑒語言尋找線索，而是歸因於玄學的生活化，他說：「既然在生活的感受和幻覺中知道了山水是最能表達造化之功、自然真象的，那麼便把山水當作一種導體，一種較單純說明的語言更充足適當的導體，來表現那宇宙人生的本體──道，不是更能『盡意』嗎？由玄言詩到山水詩的變遷，所謂『莊老告退，而山水方滋』，並不是詩人們底思想和對宇宙人生認識的變遷，而只是一種導體、一種媒介物的變遷。」（10，63）以上的意見說得對，也說得不對。對，是因為藝術表現本來就是時代的精神的表徵，受到玄學的啟發，人物畫因此講究「傳神」，要求藝術必須表現出人的精神本質，而在山水畫中亦要求表現山水的精神本質。但是，要求人物傳神，是因為神是個體生命的本質所在，要求山水傳神，亦是承認神是山水的本質所在，山水有神故能傳神，不是以山水為媒介傳達山水之外的道。山水，無論在山水詩中，或山水畫中，都不只是媒介的意義，而是對真山實水即為一本質世界的肯定，山水的形構本身就具有本質意義，在主體的觀照中，適目即內容意義的所在。

草草，直寫胸中丘壑，建構了非現實所有的山水。因爲如此，中國山水畫才成爲文人精神世界中一道治療生命疲蔽的妙方，這絕非人物畫可以相提並論的。

徐先生對於中國山水畫的藝術精神體會極其深刻，並從中建構了自己對藝術的基本觀點和價值判準。他在詮釋山水畫論中的氣韻觀念時，一方面闡發了中國山水畫藝術精神的特質，一方面呼應了他在現代畫論戰中所表達的個人的藝術理念。

在現代畫論戰之中，徐先生強烈批判現在藝術是「非人的藝術」，批判的焦點有二：一是現代藝術對形象的破壞，另一是現代藝術的反合理主義。（詳15c，215～217）姑且不論徐先生對現代藝術的理解是否切當，在批判之中，徐先生表達了對藝術的基本看法，包括（1）形相是藝術的生命，以及（2）藝術必須建立於正常的人性之上。關於第一點，徐先生強調「創造是要用新的心靈、感覺，來發現新的形象」。（15c，216）藝術的創造是內在世界的創造——內在世界與外在世界關係的發現，在徐先生來說，客觀的形相世界是一個實存的模式，不必也不能被解體變形，由自然形相轉化而來的藝術形相，正是人與世界正常的、和諧的關係的延續。因此他強調：「具象的表現形式，也是正常地美地觀照所自然而然所要求的形式」（15a，271）。關於第二點，徐先生分別從創作和欣賞的角度來表達了他的意見，就創作的角度，徐先生認爲藝術家必須得「性情之正」才能與其他生命相感相通，創作出超越時空而與人共鳴的偉大作品；其次，徐先生引用歐本海默的話，指出：「藝術家所依存的，乃是如下的共同體，即保有共同感受性和文化，保有象徵的共同意味，保有共同經驗，並加以紀述說明之共同方法的共同體。」（15c，209）徐先生強調藝術家的象徵資源在於社會文化，〔註18〕藝術家若自陷於孤獨的困境，失去了與人（觀眾）互通的橋梁，其藝術作品的意義便無從建立。就欣賞的角度，徐先生指出觀眾對於藝術欣賞要求的是作品的意義（參見15c，215），要求的是正常人可以感知、可以體會的生命經驗的啓示。如果說，一件藝術作必待觀眾的投入始得以完成的話，那麼，它便應當是具有人間性格的藝術。〔註19〕

〔註18〕徐先生對於象徵資源的問題，較少涉及「象徵中介」的問題，但是相當強調藝術作品作爲象徵形式乃是文化意識的表徵，與社會其他行動者之間有著互動的關係，而其意義與價值亦應放在文化脈絡中加以考察與評估。

〔註19〕所謂人間性格的藝術非關雅俗的問題，而是就常人對藝術的欣賞方式而言。常人指沒有受過藝術教育與理論，也沒有任何文藝主義與學說的成見的普通

在氣韻觀念的詮釋中，徐先生最主要的焦點仍在於藝術形相和藝術精神主體的問題之上，而抉發了以下二個向度的美學旨趣：

1. 形神相融的構形向度

徐先生強調中國藝術的構形原則不在要求藝術形相如實反映對象的形貌，而要求藝術形相能夠體現出對象的生命本質——神（氣韻），能體現出對象生命本質的形相，才能開顯藝術中的「真實」。徐先生如此說明顧愷之以降的藝術真實觀：

> 到了魏晉時代而得到了生命的繪畫，意識上，從顧愷之起，便常常把「傳神」與形似對立起來，蓋欲由對象之形的拘限性虛偽性中超越上去，以把握對象之神，亦即是把握對象之真。（15b，196）

在西方美學或藝術理論的脈絡中，寫實和抽象是兩概對立的範疇。寫實藝術是「描述性（descriptive）的藝術，就美學角度而言，所謂「描述性」概念的最基本的要義，就是指這類作品比較忠實地摹仿了客觀世界的物象——物象固有的體積感、質感和由人目至物象之間的視距所造成的「透視」關係等等。西方寫實藝術在歐洲文藝復興時期，的確由於理性主義的昌盛，而達到顛峰的發展，但是也因為和自然科學的糾葛太深，以致形成致命的弱點，在以變形（distortion）或簡化（simplification）從事「意匠經營」（design）的抽象主義誕生之後，其對客觀對象外貌的追肖被貶抑為「照相機功能」，在抽象派藝術中被徹底地提棄。〔註20〕對照而言，在中國山水畫中，從未捨棄具象的因素，也未徹底地轉向抽象主義，而在具象（水山形象）與抽象（點線皴染）之間，傳達生命的躍動和審美的意趣。中國山水畫的藝術形式實有自成系統

人。常人對於文藝的欣賞，如同宗白華先生所說：「對於常人，藝術是『真實底摹寫』，是『生命底表現』。而著重點尤在『真實』，在『生命』，並不在表現與摹寫。……他是筆直地穿透那藝術形式——藝術家的匠心——而虛懷地接受那裡面的生命。這生命底表現動搖他，刺激他，使他悲，使他喜，使他共鳴，使他陶醉。這是對於他的生命有關，這是他的真實，他的真理。」（13，109）徐先生對於現代藝術的質疑批判，即是站在常人的角度，追問：「這是表象一種什麼意義呢？」（15c，215）在《中國藝術精神》一書中，徐先生反覆致意強調「為人生而藝術」，都與此觀念相切合。

〔註20〕西方寫實藝術雖有弱點，但其藝術價值不容完全抹然，正如徐書城先生所說的：「寫實的繪畫也仍然是一種『藝術』的『符號』，它仍然具有一切藝術（包括文學）所共有的普遍美學品性。而這種藝術形式之所以具有一定的審美品性，最主要之點，就在於客觀世界中的事物的某些感性形象，使我們引起一定的審美感受；某些自然物象本身可以具有一定的審美涵義。」（16，138）

的發展脈絡，雖然自顧愷之起即把傳神與形似對立而言，卻是「形——神」、「形似——氣韻」的辯證統一關係的方便說法，實則正如徐先生所強調的，「氣韻與形似的關係，是由形似的超越，又復歸於能表現出作爲對象本質的形似關係」。（15b，199）中國藝術不以形似爲滿足，必要將形似轉化爲生命本質的現示，然後才肯定其價值。換言之，在中國的山水畫中，雖然有具象的因素，但不是物象的如實摹寫，而是通過「由超形以得神，復由神以涵形」的選擇和創造，表現爲與神相融相即之形。選擇，意味著一種「簡化」，但不是抽象主義將形相本身簡化爲純粹的元素符號，而是在進入耳目的經驗材料中，選擇人與自然兩情相洽的要地，刊落無關散地的一種簡化過程，經此簡化，再將具體形相重新構造爲一有機整體的畫面世界，此即爲創造。

2. 主客合一的觀照向度

中國山水畫的創造性不表現爲形相的分解，而是以形相建立關係，所以經由觀照過程所成立的主客觀關係乃是決定作品價值的關鍵。徐先生指出：

> 藝術地傳神思想，是由作者向對象的深入，因而對於藝術對象的形相所給與於作者的拘限性及其虛僞性得到解脫所得的結果。作者以自己之目，把握對象之形。由目的視覺的孤立化、專一化，而將視覺的知覺活動與想像力結合，以透入於對象不可視的內部的本質（神）。此時所把握到的，未嘗舍棄由視覺所得之形。但已不止於是由視覺所得之形，而是與由想像力所透到的本質相融合，並受到由其本質所規定之形；在其本質規定之外者，將遺忘而不顧。而爲本質所規定之形，且不以形見於人之目，而係以其本質，即以其神，融入於吾之想像力（實即主觀之神）之中……不以形見而以神見於吾之想像力之中的對象，實係神形相融的對象。（15b，195）

在這段文字中，徐先生強調對象之神的透顯不涉理路，只能由主體生命的開放、精神的照射，然後得以默識意會。在這樣的美感經驗中，客觀的物象經由作者的視覺感知，形成簡單感象，經由主觀之神的觀照後，原來個別的、獨立的簡單感象，成爲「關係結構」中的定點，而轉化爲主體內在的意象。所謂的「關係結構」乃主體對整全存在的情境的自覺反省之後，形成的生命意義體。簡單感象並非純爲感官印象，它本身亦有其客觀的意味和美感價值，它與主體的生命意義體形成互動、整合，然後轉化爲意象呈現於主體心境之中，此意象具體化爲畫面的形相，因此，畫面的形相同時是物象之神的傳移，

也是主觀之神的延續。這就是徐先生所指出的：

> 氣韻的根本義，乃是傳神之神，即是把對象的精神表現了出來，而
> 對於對象精神的把握，必須賴作者的精神照射，以得到主客相融；
> 則必須承認作品中的氣韻生動，才是來自作者自身的氣韻生動；於
> 是氣韻是一個作品的成效，更是一個作品得以創作出來的作者的精
> 神狀態。（15b，210）

順此，作品以形相建立了作品與作者、作品與世界以及作者與世界多重關係，
而由作品形相的偏向客觀精神或主觀精神，可以看出藝術家對客觀世界的根
本態度，這個層面正是徐先生最主要的關懷所在，他說：

> 一切藝術，都是在主客相關之間成立的。一切藝術的差異性，都可
> 由主客相關間的差距不同而加以區別。主客間之所以有差距，決定
> 於某一藝術家對客觀世界的根本態度。大概地說，藝術家個性比較
> 超越而寬平嚴實，並由環境的反應，而使其人生對客觀世界能發生
> 較多的信賴，則他所涵融的客觀世界較深較廣；而客觀世界在藝術
> 家的主觀世界中，也能保持其清寧安靜地形相；於是表現在作品上，
> 便不知不覺地走向客觀的一面。這是主觀舒展向客觀，主觀由客觀
> 而得到解放。與一般所說的「模仿自然」的模仿意義，並無關涉。
> 反之，因缺少對客觀的信賴，而主觀與客觀的關係不能穩固，便常
> 將客觀吞沒向主觀，作品也自然地多蒙上主觀的意味、色彩。（15b，
> 437～438）

基於如此的觀點，徐先生對藝術作品的評價有了明顯的主觀取向：以「清明」
的形相為貴，而以不「晦暗」的形相為然。以南宋牧溪等人的作品為例，雖
然徐先生承認「其藝術性實遠在米氏父子之上，因為在他們的作品中，含有
更大更深的時代性。若僅從畫的背景來說，有點像明末清初的朱耷、石濤」，
可是他強調這類作品，「主客之間的差距，究已失掉了均衡。於是由幽玄再進
一步，便會趨於晦暗。就山水畫說，在它的晦暗中，已失掉人類精神解放向
自然的基本意義，勢將陷藝術於絕境」（15b，438）。在悲劇性的時代，不以
怒目覷看紅塵，不以絕望嗟嘆人生，這需要多大的心靈能力？徐先生對藝術
家的期許何其深切，他指出：

> 一個藝術家的最基本地，也是最偉大地能力，便在於能在第一自然
> 中看出第二自然。而這種能力的有無、大小，是決定於藝術家能否

> 在自己生命中昇華出第二生命，及其昇華的程度。（15b，210）
>
> 爲山水傳神的根源，不在技巧，而出於藝術家由自己生命超昇以後所呈現出的藝術精神主體，即莊子所說的虛靜之心，也即是作品中的氣韻；追根到柢，乃是出自藝術家淨化後的心。（15b，212）

氣韻問題歸結到最後，不是筆墨技巧的問題，而是人格人品的問題，必然如此，中國藝術的意境乃得以誕生。

本章引用文獻編碼

01. 《莊子集釋》，北京：中華，1961 年。
02. 《淮南子》，台北：世界，1983 年。
03. 《漢魏六朝百三名家集》，台北：文津，1979 年。
04. 《世說新語箋疏》，台北：華正，1989 年。
05. 《晉書》（韓隆四年武英殿本影印），上海古籍，1986 年。
06. 《四庫全書總目》，（索引本），台北：漢京。
07. 于民：《氣化諧和》，東北師大，1990 年。
08. 云告：《從老子到王國維──美的神遊》，湖南，1991 年。
09. 王葆玹：《正始玄學》，齊魯書社，1987 年。
10. 王瑤：《中古文學史論》，台北：長安，1975 年。
11. 石守謙：〈賦彩製形──傳統美學思想與藝術批評〉，收於《美感與造型》，台北：聯經，1982 年。
12. 牟宗三：《才性與玄理》，台北：1985 年，台五版。
13. 宗白華：《美學的散步 I》，台北，洪範，1987 年四版。
14. 林朝成：《魏晉玄學的自然觀與自然美學研究》，台大哲學研究所博士論文，1992 年。
15a. 徐復觀：《徐復觀文錄選粹》，台北：學生，1980 年。
15b. 徐復觀：《中國藝術精神》，台北：學生，1984 年八版。
15c. 徐復觀：《徐復觀文存》，台北：學生，1991 年。
16. 徐書城：《繪畫美學》，台北：五南，1993 年。
17. 袁行霈：〈魏晉玄學中的言意之辨與中國古代文藝理論〉，收於《魏晉思想·甲編五種》，台北：里仁，1984 年。
18. 高木森：《中國繪畫思想史》，台北：東大，1992 年。

19. 陳傳席：《六朝畫論研究》，台北：學生，1991 年。

20. 陳昌明：《六朝緣情觀念研究》，台大中文研究碩士論文，1987 年。

21. 傅偉勳：《從西方哲學到禪佛教》，台北：東大，1991 年。

22. 景蜀慧：《魏晉詩人與政治》，台北：文津，1991 年。

23. 湯用彤：《理學・佛學・玄學》，台北，淑馨，1992 年。

24. 葉朗：《中國美學史大綱・上冊》，台北：滄浪，1986 年。

25. 劉海粟：〈謝赫的六法論〉，收於《近代中國美術論集・1》，台北：藝術家，1991 年。

26. 蔡英俊：《比興物色與情景交融》，台北：大安，1986 年。

27. 錢鍾書：《管錐篇》第四冊，台北：書林，1990 年。

28a. 豐子愷：〈中國的繪畫的思想〉，收於《近代中國美術論集・1》，台北：藝術家，1991 年。

28b. 豐子愷：〈東洋畫六法的理論的研究〉，收於《近代中國美術論集・1》，台北：藝術家，1991 年。

29. 龔鵬程：〈從《呂氏春秋》到《文心雕龍》──自然氣感與抒情自我〉，收於《文心雕龍綜論》，台北：學生，1988 年。

第六章　結　論

　　通過以上幾章的討論，筆者嘗試在此簡要地概括出徐先生美學思想的特點，並對其美學經營的成果進行評價與反省。

　　徐先生美學思想的特點，可以歸納為以下四點：

　　一、就其整體規模而言，徐先生的美學思想所關切的不是作品自主論所專注的作品內在的美學結構，他所建構的是一個以藝術精神主體為起點，以心物交融的藝術形相為終點，以宇宙秩序、人文秩序和美學秩序三位同體為最高藝術精神的美學系統。

　　二、就其對藝術精神主體的關切而言，徐先生表達了兩個重要的見解：1. 以虛靜為體的超感性知覺具有直觀存在本質的能力。2. 虛靜心體所開展的藝術精神在於呈現自我與世界的和諧關係。由第一個觀點，徐先生強調「直觀」不是平面的第一自然的直覺，而是立體的第二自然的洞見，藝術的直觀是深入生命底層的觀看之道；由第二個觀點，徐先生強調主體情性具有感通萬物的本質，主體情性能夠融通萬物，則具現在作品世界的便是天地之情，是人與自然的親和關係，是主體與客觀世界的整體存在。在這樣的脈絡中，徐先生認為儒、道兩家藝術精神的終極關懷都在「生的完成」——通過主體人格的完成，提昇人生的境界，成就人間的和諧。藝術創造是主體全人格的投入，主體的精神界域因審美體驗而擴大，藝術作品因精神界域的擴大而體現出拔俗的意境。藝術是生命尊嚴的表徵，生命是藝術遊戲的謎底，藝術創造所具現的美感經驗，最深層的結構乃是人生理想與生命意義，因此「為人生的藝術」乃是徐先生所認同的真藝術。

　　三、就其對藝術形相的分析而言，徐先生的觀點由中國自然美學涵化而

來，所謂的藝術形相，一端繫著客觀的自然世界，一端繫著主體的精神界域，藝術形相的美感境界具現了主體觀物、應物的方式。在徐先生的分析中，藝術的象徵結構，不再於藝術形相與實物物象之間的單線對應，而涵有多重轉悟關係，可圖示如下：

$$\begin{array}{ccc} \text{支} & \text{焦} & \text{支} \\ \text{藝術形相} \rightarrow & \text{自然形相（意象）} \leftrightarrows & \text{主體情志} \\ +\text{本趣} & \text{本趣} & \text{本趣}+ \end{array}$$

由此，徐先生肯定正常的人性所要求的必要具象的藝術形式。通過這種藝術形式，具現的是藝術家在紛擾不已的世間所保有的清明心靈和自由精神，而欣賞者亦可通過藝術形相的感發體驗，純化自己的心靈，進而提昇人生的境界。

四、就其對中國文藝理論的詮釋而言，徐先生的詮釋系統有二個特色：1. 具有「復古通變」的意義。其所選擇的核心論題，一為「文體出於情性」，一為「氣韻生動」，詮釋的重點都再於創造主體對藝術形相的主導作用，這樣的選擇乃基於深銳的問題意義和懇切的人文關懷，而涵有重建傳統以批判現代的意向。2. 發顯中國生命美學的意蘊。徐先生在詮釋文體觀念和氣韻觀念時，特別側重在闡發作者與作品唯一連續整體的美學旨趣，此與其美學理論的主題相應——強調由內在生命具現的形相世界乃是人與自然互存的和諧世界。在這樣的詮釋中，「文體」和「氣韻生動」都是生命力的體現，一種與自然世界共其呼吸的生命力的形相化。

對於徐先生美學思想的價值，可以從以下幾個角度來評估：

一、在人文研究方法的反省方面——徐先生對人文研究方法的反省，強調了整體性的歷史學方法，以及開放的人本主義取向，為當代工具理性過度氾濫、迷信科學方法的萬能尺度等問題，提供了深刻的思考起點。

二、在審美理論的內涵方面——徐先生對於藝術精神主體的彰顯，對於藝術形相所繫的人與自然的關係，以及審美觀照的經驗結構都有精采的論述。抒情藝術的意境理論是中國古典美學源遠流長的精華所在，徐先生對意境美學的闡發，無疑地是此一大傳統的承續，而更重大的意義是，徐先生嘗試用現代的理論語言予以系統化的重構，使此一傳統有了現代的意義，同時也為現代藝術思潮的美學困境，提供了深刻的反省與建議。

三、在傳統美學的重建方面——對傳統美學的重建，有三方面的工作，一是重現傳統美學的本來面目，二是抉發傳統美學的豐富性和深刻性，三是發顯傳統美學的當代價值。就徐先生的美學經營來看，對於中國意境的生命美學，具有相當的洞見能力。不過，基於建構中國美學主脈的企圖，徐先生忽略了中國美學具有多元化脈絡的特質，他固然能從宏觀的角度強調出人在中國美學整體建構中的核心地位，但是在微觀的角度上，對古典在特定歷史情境下的意義脈絡有時不完全相應。我們可以肯定徐先生關於中國藝術精神主體的視觀有相當的價值，但是也不可否認：這其實僅是中國傳統美學的一個可能比較重要的側面。就整體中國美學的建構而言，從微觀的角度作「再發現」，也是一件重要的工作。

四、在中西美學的會通別異方面——從藝術是人自身的世界，而且承認「人同此心，心同此理」的判斷，如徐先生所認為的，從文學藝術上會通中西，較哲學上的會通，來得容易而自然。然而，中西美學畢竟來自兩個不同的文化脈絡，其美學系統中許多概念實存在不可共量性，因此，對於中西美學的比較，除了尋求會通的可能之外，別異的工作實更為重要，唯有通過在各自的文化脈絡中尋根探固，確立各自的美學據點，再通過系統的對比參照，才能建立多元多層的現代美學體系，而不致犧牲乃至扭曲異文化系統的真正價值。徐先生嘗試以現代的理論語言重構中國傳統美學，並且作了中西美學會通與別異的工作，其開啟風氣之功，是值得肯定的。

最後，筆者認為徐先生的美學思想留下兩個問題，等待我們進一步的思考：

第一個問題是關於藝術的反省性反映是否比順承性的反映，具有更重要的意義。在徐先生的美學思想裡，肯定「為人生的藝術」，亦肯定藝術反映時代、社會的，但他強調藝術必須是反省性的反映，才能使人的精神得到某種意味的淨化、修養，以保持人生社會發展中的均衡，維持生命的活力、社會的活力於不墜。這種觀念落實在對繪畫藝術精神的闡發中，使徐先生肯定中國山水畫在今日具重大意義，並且主張以「清」的美感境界為審美的思想。這樣的美學觀點隱含著二大局限：一是由於要求藝術家的人格必須轉化昇華為一種又純淨又精深的人性光輝，因此欠缺通過個人生命爆發出來的強烈的情感，於是藝術上的熱忱，不能予以展開，除此之外，所謂的素人藝術亦得不到應有的肯定與重視。二是以清朗純淨的山水形相為藝術的象徵世界，期使它能純化欣賞者的心靈，其基礎在於人與自然的親和關係，由人與自然的

親和互動，轉化出精神的自由與超感，得以保持生命的活力面對現實的人生、社會，換言之，「自然」所以成為象徵資源，成為創作與鑑賞的交會點，必須是創作者與欣賞者具有如此的自然觀——自然不是機械式的物體，而是與生命同節奏、共呼吸的「生命體」，如此「自然」才是人的另一個可能的存在出路。然而，這樣一來，創作者可以「逆」著現實的要求，自營一個超越的世界，而無意於社會參與的實踐，與現實的衝突輕易地得到和解。更何況，當人與自然的關係處於決裂的狀態，人對自我的追求充滿焦慮，山水畫果能發揮其淨化的功能嗎？或者，一種發自深切的存在感受，表達社會批判的藝術，對現代人來說更具有意義呢？

　　第二個問題是關於主體性美學指向解消理論的問題。主體性美學在理論的開展上必然面臨這樣的困境：主體情性是人具體的真實存在，藝術是人的性情的自然流露，因此在創作而言，作者必須回歸內在情性的修行，以創造藝術的意境，理論系統、技巧策略都必須被揚棄；就鑑賞而言，藝術作品所顯現的是存在的真實，對作品的真正理解是進入、體驗、同情、共鳴，所有的文學知識、概念性的分析，在最後都必須放下，才能與作品中的生命直接照面；換言之，理論的揚棄是主體性美學的最後終局，理論建構的目的在於解消理論本身。這在建構以「人」為核心的中國文學美學工程上，乃是一個必須思量的根本問題。

參考文獻

甲、書　籍

一

1. 徐復觀，《中國思想史論集》，台北：學生，1959 年。
2. 徐復觀，《石濤之——研究》，台北：學生，1968 年。
3. 徐復觀，《兩漢思想史·卷二》，台北：學生，1976 年。
4. 徐復觀，《徐復觀文錄選粹》，台北：學生，1980 年。
5. 徐復觀，《徐復觀雜文集·續篇》，台北：時報，1981 年。
6. 徐復觀，《中國文學論集·續篇》，台北：學生，1981 年。
7. 徐復觀，《中國思想史論集·續篇》，台北：時報，1982 年。
8. 徐復觀，《論戰與譯述》，台北：志文，1982 年。
9. 徐復觀，《中國人性論史·先秦篇》，台北：商務，1984 年（7）。
10. 徐復觀，《中國藝術精神》，台北：學生，1984 年（8）。
11. 徐復觀，《徐復觀最後雜文集》，台北：時報，1984 年。
12. 徐復觀，《徐復觀最後日記——無慚尺布裹頭歸》，台北：允晨，1987 年。
13. 徐復觀，《儒家政治思想與民主自由人權》，台北：學生，1988 年（2）。
14. 徐復觀，《中國文學論集》，台北：學生，1990 年（5）。
15. 徐復觀，《徐復觀文存》，台北：學生，1991 年。

二、

1. 曹永祥編，《徐復觀教授紀念文集》，台北：時報，1984 年。
2. 《徐復觀學術思想國際研討會論文集》，台中：東海大學，1992 年。

3. 牟宗三,《生命的學問》,台北:三民,1978 年。

4. 牟宗三,《中國哲學的特質》,台北:學生,1982 年。

5. 牟宗三,《中國哲學十九講》,台北:學生,1983 年。

6. 牟宗三,《智的直覺與中國哲學》,台北:商務,1987(年4)。

7. 牟宗三,《歷史哲學》,台北:學生,1988 年台(7)。

8. 牟宗三,《才性與玄理》,台北:學生,1985 年台(5)。

9. 唐君毅,《中華人文與當今世界》,台北:學生,1978 年(2)。

10. 唐君毅,《中國文化之精神價值》,台北:正中,1979 年。

11. 唐君毅,《中國哲學原論》,(原性篇),台北:學生,1979 年台(4)。

12. 唐君毅,《文化意識與道德理性》,台北:學生,1991 年校訂版。

13. 牟宗三等,《當代新儒家論文集》,(內聖篇),台北:文津,1991 年。

14. 牟宗三等,《當代新儒家論文集》,(外王篇),台北:文津,1991 年。

15. 牟宗三等,《當代新儒家論文集》,(總論篇),台北:文津,1991 年。

16. 李澤厚,《中國現代思想史論》,修訂本,台北:風雲時代,1990 年。

17. 姜允明,《當代心性之學面面觀》,台北:明文,1994 年。

18. 胡偉希,《傳統與人文——對港台新儒家的考察》,北京:中華,1992 年。

19. 馮友蘭,《中國哲學史新編》,台北:藍燈,1991 年。

20. 翟志成,《當代新儒家史論》,台北:允晨,1993 年。

21. 盧連章,《中國新儒學史》,鄭州,中州古籍,1993 年。

22. 龔鵬程,《近代思想史散論》,台北:東大,1991 年。

23. 王葆玹,《正始玄學》,齊魯書社,1987 年。

24. 余英時,《歷史與思想》,台北:聯經,1982 年。

25. 宋仲福等,《儒學在現代中國》,鄭州:中州古籍,1991 年。

26. 杜維明,《儒學第三期發展的前景問題》,台北:聯經,1989 年。

27. 胡昌智,《歷史知識與社會變遷》,台北:聯經,1988 年。

28. 殷鼎,《理解的命運》,台北:東大,1990 年。

29. 傅偉勳,《西方哲學史》,台北:三民,1984(7)。

30. 傅偉勳,《從西方哲學到禪佛教》,台北:東大,1991(2)。

31. 湯用彤等,《魏晉思想‧甲編五種》,台北:里仁,1984 年。

32. 湯用彤,《理學‧佛學‧玄學》,台北:淑馨,1992 年。

33. 龔鵬程,《文化符號學》,台北:學生,1992 年。

三、

1. 《尚書・僞孔傳》，台北：藝文，1981 年（8）。

2. 《莊子集釋》，北京：中華，1961 年。

3. 《淮南子》，台北：世界，1983 年。

4. 《晉書》，乾隆四年武英殿本影印，上海古籍，1986 年。

5. 葛洪，《抱朴子》，台北：世界，1983 年。

6. 劉義慶，《世說新語》，余嘉錫箋疏，台北：華正，1989 年。

7. 劉勰，《文心雕龍》，范文瀾註，台北：明倫，1974 年。

8. 鍾嶸，《詩品》，王叔岷箋證，台北：中研院文哲學，1992 年。

9. 張溥輯，《漢魏六朝百三名家集》，台北：文津，1979 年。

10. 孫過庭，《書譜》，朱建新箋證，台北：河洛，1975 年。

11. 王夫之，《詩廣傳》，台北：河洛點校本，1974 年。

12. 王夫之，《薑齋詩話》，戴鴻森點校，台北：木鐸，1985 年。

13. 《中國歷史文論選》，台北，木鐸，1981 年。

14. 《四庫全書總目》，索引本，台北：漢京。

15. 《文心雕龍綜論》，台北：學生，1988 年。

16. 王更生，《文心雕龍新論》，台北：文史哲，1991 年。

17. 張少康，《文心雕龍新探》，台北：文史哲，1991 年。

18. 陳兆秀，《文心雕龍術語探析》，台北：文史哲，1986 年。

19. 錢芄子編，《文心雕龍研究薈萃》，上海書店，1992 年。

20. 王夢鷗，《文學概論》，台北：藝文，1982 年（2）。

21. 王瑤，《中古文學史論》，台北：長安，1975 年。

22. 呂正惠，《抒情傳統與政治現實》，台北：大安，1989 年。

23. 李正治編，《政府遷台以來文學研究理論及方法之探索》，台北：學生，1988 年。

24. 淡江大學中文系編，《文學與美學》，（一、四），台北：文史哲，1990 年。

25. 景蜀慧，《魏晉詩人與政治》，台北：文津，1991 年。

26. 蔡英俊，《抒情的境界》，台北：聯經，1989 年。

27. 蔡英俊，《比興物色與情景交融》，台北：大安，1986 年。

28. 蔡樹森編，《現象學與文學批評》，台北：東大，1984 年。

29. 鄭毓瑜，《六朝文氣論探究》，台北：台灣大學，1988 年。

30. 羅根澤，《魏晉六朝文學批評史》，台北：商務，1976 年。

31. 龔鵬程，《文學散步》，台北：漢光，1985 年。

32. 龔鵬程，《文學批評的視野》，台北：大安，1990 年。

33. 龔鵬程，《文學與美學》，台北：業強，1995 修訂版年。

34. 成大中文，《魏晉南北朝文學與思想學術研討會論文集》，台北：文史哲，1991 年。

35. 于民等，《中國審美意識的探討》，北京：寶文堂，1989 年。

36. 于民，《氣化諧和》，長春：東北師範大學，1990 年。

37. 云告，《從老子到王國維──美的神遊》，長沙：湖南人民，1991 年。

38. 文潔華，《藝術‧自然與文人》，台北：允晨，1993 年。

39. 伍蠡甫編，《山水與美學》，台北：丹青，1987 年。

40. 成復旺，《中國古代的人學與美學》，北京：中國人民大學，1992 年。

41. 成復旺，《神與物遊》，北京：中國人民大學，1989 年。

42. 朱孟實等，《中國古代美學藝術論》，台北：木鐸，1985 年。

43. 朱光潛，《文藝心理學》，台北：開明，1986 年（15）。

44. 朱立元等，《真的感悟》，上海：上海文藝，1989 年。

45. 李澤厚，《美的歷程》，台北：金楓，1991 年。

46. 李澤厚等，《中國美學史》，台北：谷風。

47. 宗白華，《美學的散步》，台北：洪範，1987 年。

48. 林同華，《中國美學史論集》，台北：丹青。

49. 姚一葦，《藝術的奧祕》，台北：開明，1988 年（11）。

50. 姚一葦，《審美三論》，台北：開明，1993 年。

51. 施友忠，《二度和諧及其他》，台北：聯經，1976 年。

52. 張利群，《莊子美學》，桂林：廣西師範大學。

53. 敏澤，《中國美學思想史》，濟南：齊魯，1989 年。

54. 曾祖蔭，《中國古代文藝美學範疇》，台北：文津，1987 年。

55. 葉朗，《中國美學史大綱》，台北：滄浪，1986 年。

56. 葉朗，《現代美學體系》，台北：書林，1993 年。

57. 葉維廉，《歷史‧傳釋與美學》，台北：東大，1988 年。

58. 劉紹謹，《莊子與中國美學》，廣州：廣東高等教育，1989 年。

59. 劉文潭，《現代美學》，台北：商務，1984 年。

60. 潘知常，《中國美學精神》，南京：江蘇人民，1993 年。

61. 錢鍾書，《管錐篇》，第四冊，台北：書林，1990 年。

62. 錢鍾書，《談藝錄》，台北：書林，1988 年。

63. 何懷碩編，《近代中國美術論集》，台北：藝術家，1991 年。

64. 林煋嶽，《臺灣美術風雲四十年》，台北：自立，1987 年。

65. 徐書城，《繪畫美學》，台北，五南，1993 年。

66. 高木森，《中國繪畫思想史》，台北：東大，1992 年。

67. 郭因，《先秦至宋繪畫美學》，台北：金楓。

68. 郭繼生編，《美感與造型》，台北：聯經，1990 年。

69. 郭繼生編，《當代臺灣繪畫文選》，台北：雄獅，1991 年。

70. 陳傳席，《中國山水畫史》，南京：江蘇美術，1988 年。

71. 陳傳席，《六朝畫論研究》，台北：學生，1991 年。

72. 傅抱石，《中國繪畫理論》，台北：里仁，1985 年。

73. 葉維廉，《與當代藝術家的對話——中國現代畫的生成》，台北：東大，1987 年。

74. 蔣勳，《美的沈思》，台北：雄獅，1986 年。

75. 蕭瓊瑞，《五月與東方》，台北：三民，1991 年。

四、

1. 席勒，《美育書簡》，台北：丹青。

2. 托爾斯泰，《藝術論》，台北：金楓。

3. 韋勒克等，《文學論》，台北：志文，1979 年。

4. 黑格爾，《美學》，台北：里仁，1981 年。

5. 柯羅齊，《美學原理》，台北：商務，1982 年。

6. 朱光潛編譯，《西方美學家論美和美感》，台北：丹青，1983 年。

7. 藍博尼，《意義》，台北：聯經，1984 年。

8. 康定斯基，《藝術的精神性》，台北：藝術家，1985 年。

9. 康德，《判斷力的批判》，台北：滄浪，1986 年。

10. 劉昌元，《西方美學導論》，台北：聯經，1986 年。

11. 吉爾伯特等，《美學史》，上海：上海譯文，1989 年。

12. 今道友信，《美學的方法》，北京：文化藝術，1990 年。

13. 卡西勒，《人論》，台北：桂冠，1991 年。

14. 閻國忠等編，《西方著名美學家評傳》，合肥：安徽教育，1991 年。

15. 沃林格，《抽象與移情》，台北：亞太，1992 年。

16. 鄭金川，《梅格——龐蒂的美學》，台北：遠流，1993 年。

17. 伽達默爾，《真理與方法》，台北：時報，1993 年。

18. R.C.赫魯伯，《接受美學理論》，台北：駱駝，1994 年。

乙、論　文

1. 馮耀明，《憂患意識與儒家精神的再生：簡論徐復觀的志業》，中國論壇，23：6，1986 年 12 月。

2. 黃文興，《徐復觀論著繫年目錄（上）》，中國書目季刊，26：3，1992 年 12 月。

3. 黃文興，《徐復觀論著繫年目錄（下）》，中國書目季刊，26：4，1993 年 3 月。

4. 黃克劍，《心靈眞切處的憂患（上）》，哲學與文化，20：2，1993 年 2 月。

5. 黃克劍，《心靈眞切處的憂患（下）》，哲學與文化，20：3，1993 年 3 月。

6. 黃俊傑，《當代儒家對中國文化的解釋及其自我定位——以徐復觀爲中心》，第二次當代儒學研討會論文，1994 年 5 月。

7. 石朝穎，《現象學的觀照》，鵝湖，18：2，1992 年 8 月。

8. 杜維明，《現代的自我反省——泰勒與杜維明的對話》，當代，99，1994 年 7 月 1 日。

9. 沈清松，《人文主義與文化發展》，中國文化月刊，83，1986 年 9 月。

10. 林安梧，《存有‧方法與思考——對於「方法論」的基礎性反省》，鵝湖，18：10，1993 年 4 月。

11. 謝大寧，《儒隱與道隱》，國立中正大學，3：1，1992。

12. 王夢鷗，《曹丕怎樣發見文氣》，中外文學，8：4，1979 年 9 月。

13. 吳調公，《言志與緣情》，古典文學知識，1986 年 9 月。

14. 吳調公，《論中國古典文學美學的建構》，文藝理論研究，1990 年 2 月。

15. 李曰剛，《文心雕龍之文體論——文心雕龍斠詮「體性」篇題述》，師大學報 27，1982 年 6 月。

16. 蔡英俊，曹丕《典論論文》析論，中外文學，8：12，1980 年 5 月。

17. 鄭毓瑜，《詩歌創作過程的兩種模式——「詩緣情」與詩言志》，中外文學，11：9，1983 年 2 月。

18. 牟宗三，《以合目的性之原則爲審美判斷力之超越原則之疑實與商榷》，鵝湖，17：12，1992 年 6 月。

19. 林朝成，《魏晉玄學的自然觀與自然美學研究》，台大哲學所，博士，1992 年。

20. 陳昌明，《六朝「緣情」的觀念研究》，台大中文所，碩士，1987 年。

21. 廖炳惠，《晚近文評對莊子的新讀法：洞見與不見》，中外文學，11：11，1983 年 4 月。

22. 廖朝陽，欲解還結：評〈晚近文評對莊子的新讀法洞見與不見〉，12：4，

1983 年 9 月。

23. 熊自健，《朱光潛與康德美學的對話》，鵝湖，16：10，1991 年 4 月。

24. 劉昌元，《藝術中的象徵》，中外文學，12：7，1983 年 12 月。

25. 潘知常，《海德格爾的「眞理」與中國美學的「眞」》，中國文化月刊，153，1992 年 7 月。

26. 潘知常，《從海德格爾的「存在」看中國美學的道》，中國文化月刊，164，1993 年 6 月。

27. 蔣年豐，《體現與物化：從梅勞・龐帝的形體哲學看羅近溪與莊子的存有論》，中國文化月刊，105，1988 年 7 月。

28. 蔣年豐，《再論莊子與梅勞・龐帝》，中國文化月刊，106，1988 年 8 月。

29. 蕭振邦，《美學的重構》，鵝湖，14：7，1989 年 1 月。

30. 蕭振邦，《探索中國美學的問題特質》，鵝湖，15：3，1989 年 9 月。

31. 顏崑陽，《無所爲而藝術：論莊子藝術精神之無目的性》，鵝湖，9：12，1984 年 4 月。

後　記

　　有人說：「美學是一種神奇；中國美學則是一永遠的誘惑。」說得一點也沒錯，可是要寫一篇美學的論文時，誘惑和焦慮卻纏綿得難以分解。這篇論文寫了多久，陷入焦慮的時間就有多久，一直到寫作告一段落的現在，對時間有限學問無限的焦慮、對學習過程中無法避免重複師長語彙的焦慮、對美學終極指向理論止境的焦慮，依然殘餘在內心的深處，自己是如此清楚地知道：已完成者太少，未完成者太多；而所完成的部分，得之於人者太多，出之於己者太少。

　　真的，得之於人者太多了。

　　回首三年來的種種，腦海裡浮現的是一幕幕師友相濡的情景——

　　那是將近晚上十一點了，和蒂雯、秋芳、錦玉、秋惠、穗鈺步出宗教與文化專題研究室，馳車在靜極了的光復校區。清風相迎，方才被伽達瑪搞暈了的腦子，頓時清醒了。偌大的校園，深沉的夜色，一種時空的深邃籠罩著大地，我意識到自己的渺小，可是此時心中卻沒有絲毫的畏懼，因為我知道：這一路上，有人相伴。

　　那是一種奇妙的緣起，讀書沙龍是個嚴肅的遊戲，瑞霞、雅卿、姍姍、永吉、美朱是摯友，也是畏友、諍友，從研究室裡的針鋒相對，到日常生活中的彼此關懷，這一段讀書讀心讀人生的經驗，已注定是一生不能抹滅的記憶，我是如此地肯定，不論多少年以後，我都不會忘懷在那些午后或深夜的心靈對語。

　　那是一種類似尋寶的過程。林朝成老師的博學廣識真像海，波波相湧，置身其中，一方面要提防滅頂，一方面要掇珠拾貝，真是好不辛苦。可是，

就在這種艱難中，我領會了學問須攻堅的道理。二年來的隨機請益以及定期的讀書會，對養成客觀的學思態度、擴大學術視野，都有直接的幫助，而林師不厭其煩、不計酬勞的付出，亦已成爲我心中的典範。

那是一座山，總是那麼篤定地堅持對中國文化內在生命的信心，那也是一把刀，總是在所有的盤根錯節之間遊刃有餘，唐亦男老師如山的堅定、如刀的犀利，以及棒喝的苦心，時時逼使我反省自己爲學的方向。雖然在學術的領域中，對於唐師所傳承的心性之學，體會尚未及一二，但是，二年前唐師在研究室所說的話——「文化是爭千秋的事業」，已在心中烙成一道尺度，我雖不敏，卻願意以此自勉。

對於這些可親可敬可愛的師友，心中實有無限的眷戀和不捨，但是除了道聲「感謝」之外，只有珍藏所有的記憶了。

最後，還要感謝江建俊老師、陳昌明老師、尉天驄老師、陳昭瑛老師、莊永清學長對於拙作的不吝斧正。至於論文中已完成而有謬誤之處，以及未完成的部分，只能寄望將來充實學力之後再行補苴。

雪花　民國八十四年七月誌於台南市